Anna Marie Smith, Josef Armin Knapp

Flora von Fiume

Anna Marie Smith, Josef Armin Knapp

Flora von Fiume

ISBN/EAN: 9783744642767

Hergestellt in Europa, USA, Kanada, Australien, Japan

Cover: Foto ©ninafisch / pixelio.de

Weitere Bücher finden Sie auf **www.hansebooks.com**

Flora von Fiume.

Von

Anna Maria Smith.

(Vorgelegt in der Versammlung am 1. Mai 1878.)

Ein Theil der vorliegenden Arbeit lief bereits vor einem Jahre bei der k. k. zoologisch-botanischen Gesellschaft ein und haben sich die über freundliche Vermittlung des Herrn Hofrathes Mutius Ritter von Tommasini mit der nunmehr in Bristol wohnhaften Frau Verfasserin wegen Nachlieferung des rückständigen Manuscriptes und dessen eventueller Drucklegung geführten Verhandlungen derart in die Länge gezogen, dass unterdessen nicht weniger als zwei Publicationen von Dr. Moritz Staub [1]) und Paolo Matkovich [2]) über die Flora von Fiume erschienen sind, während eine dritte von Ludwig Rossi [3]) im Anzuge begriffen ist. Man wäre demnach versucht die vorliegende Arbeit der Madame Smith für ziemlich überflüssig zu halten. Ein Blick in die bisherige Durchforschung des fraglichen Gebietes und auf die im abgelaufenen Jahre erschienenen Publicationen dürfte gerade das Entgegengesetzte zeigen. Die ersten Anfänge der Botanik in unserem Gebiete sind noch ziemlich dunkel und werden es so lange bleiben bis sich nicht Jemand findet, der dieselben zum eingehenden Studium macht. Da Wien niemals ein Brennpunkt für italienische Literatur gewesen, so muss ich von einer derartigen Arbeit abstehen und werde daher die Geschichte der Botanik allhier nur in flüchtigen Umrissen geben.

Wenn wir von den älteren allgemein gehaltenen Angaben „in Istria", „in Carso", oder in „Illyria" absehen, so verdanken wir die ersten positiven Johann Hieronym Zannichelli (geboren 1662, gestorben 11. Januar 1729). Derselbe

---

[1]) Fiume és legközelebbi környékének floristikus viszonyai (Die floristischen Verhältnisse Fiumes und dessen nächster Umgebung): Mathematikai és természettudományi közlemények vonatkozólag a hazai viszonyokra (Mathem. und naturw. Mitth. bezüglich der vaterländischen Verhältnisse, herausgegeben von der ungar. Akademie der Wissenschaften) XIV. (1876—1877) 199–364 (365) m. 1 Taf. 8⁰.

[2]) Cenni generali sulla Flora di Fiume. Fiume, E. Mohovich, 1877, 50 p. 8⁰.

[3]) Hrvatsko primorje z bilinskog gledišta. A. Povjestnički priegled (Das kroatische Litorale vom botanischen Gesichtspunkte. A. Historischer Ueberblick). Vienac. IX. (Agram 1877) 700—704, 717—720, 747—753. 4⁰.

bestieg gelegentlich seiner Reise durch Istrien auch den Monte Maggiore und erschienen dessen Aufzeichnungen, die ich mehrfach bezweifeln muss, als posthumes Werk, herausgegeben von seinem Sohne Johann Jakob.[1]) Von da ab tritt eine Stagnation ein, die erst zu Anfang der zweiten Hälfte des achtzehnten Jahrhundertes ihr Ende erreicht. Der gelehrte Jesuit Conte Joseph Agosti (geboren 1710, gestorben 1789) botanisirte um diese Zeit (1751) hier, doch sind dessen Pflanzensammlungen gelegentlich eines Transportes verloren gegangen (1757) und gedenkt er in einem späteren Werke [2]) nur nebenbei einiger Fiumaner Pflanzen. Bald darauf (1758) kam hieher Franz von Mygind[3]), ein Freund Joseph Nicolaus Jacquin's, und finden sich in einem Werke des Letzteren [4]) einzelne von ihm herrührende Angaben. Balthazar Hacquet (geboren 1739, gestorben 1810) berücksichtigte auf seinen Reisen durch unser Gebiet nur nebenbei die Pflanzenwelt [5]) und wurden dessen Andeutungen mit Ausnahme der *Blaeria* (I. 53), die Tommasini (Flora 1841, p. 345—349, Oesterr. bot. Zeit. XX. 229—230) mit *Euphrasia lutea* identificirt, bestätigt oder beziehungsweise aufgeklärt. Auch Franz Xaver Freiherr von Wulfen (geboren 1728, gestorben 1805) führt eine Reihe von Pflanzen aus Fiume an [6]) und ist es fraglich ob er daselbst gewesen oder dieselben dem Triester Arzte Dr. Johann Vordoni verdankt.[7]) Ebenso erschien dessen „Flora norica" erst im Jahre 1858.[8]) Im Jahre 1792 kam nach Fiume Paul Kitaibel (geboren 1757, gestorben 1817) und sind dessen Reisenotizen ganz ohne Belang.[9]) Mehr als alle Genannten leisteten die Gebrüder Joseph (gestorben 1831) und Nicolaus Thomas Host (geboren 1761, gestorben 1834) und fanden deren Beobachtungen in den

---

[1]) Opuscula botanica posthuma a Joanne Jacobo filio in lucem edita. Venetiis, typ. Dom. Lovisa. 1780. 4°. 87 p., praef. (Non vidi.) Mein Urtheil stützt sich auf die in Reichenbach's Flora germanica excursoria (1830—1832) übergegangenen Angaben.

[2]) De re botanica tractatus in quo praeter generalem methodum et historiam plantarum eae stirpes peculiariter recensentur, quae in agro Bellunensi et Fidentino vel sponte crescunt vel arte excoluntur. Additis adnotationibus quibus plurimarum plantarum vires indicantur. Belluni 1770. 8 max. 400 p. (Non vidi).

[3]) Ludwig Freiherr von Hohenbühel-Heufler: Franz von Mygind, der Freund Jaquin's: Verh. d. k. k. zool.-botan. Ges. XX. (1870) 879—924.

[4]) Enumeratio stirpium plerarumque quae sponte crescunt in agro Vindobonensi montibusque confinibus. Vindobonae 1762. 8°. 350 p., ind., 9 tab.

[5]) Plantae alpinae carniolicae. Viennae, Kraus 1782. 4°. 31 p., 5 tab. — Idem liber: Viennae, 1782, Wappler. 4°. 16 p., 5 tab.

Physikalisch-politische Reise aus den dinarischen durch die julischen, carnischen, rhätischen in die norischen Alpen im Jahre 1781 und 1783. Leipzig 1785, 2 Theile 8°. XVIII, 156 und 200 p. 8°.

[6]) Jacquin's Miscellanea I. (1778) 147—163, II. (1781) 25—138 und Collectanea I. (1786) 186—364, II. (1788) 112—234, III. (1789) 3—166, IV. (1790) 227—348.

Roemer's Archiv f. Bot. III. 1 (1803) 1—64, III. 2 (1805) 311—426.

[7]) Franz Paula v. Schrank: Flora 1827. I. 49—64. (Ueber einige Gewächse Friauls.)

[8]) Flora norica phanerogama. Herausgegeben von Dr. E. Fenzl und P. Rainer Graf. Wien 1858. 8°. XIV. und 816 p.

[9]) L. Rossi l. c. 701.

Werken [1]) des Letzteren mehrfache Beachtung. Dr. Hugo v. Klinggräff, der J. Host's Herbar in Agram einzusehen Gelegenheit hatte, fand dasselbe in einem sehr wenig befriedigenden Zustande (Linn. XXXI. 3). Gleich zu Anfang dieses Jahrhundertes (1802) kam Kitaibel wieder hieher um diessmal ausführlichere Aufzeichnungen zu machen, die aber erst fünfzig Jahre nach dessen Tode in ihrer Gesammtheit durch Neilreich erschlossen worden sind. Schon im nächsten Jahre (1803) berührte Joseph Freiherr von Seenus [2]) gelegentlich seiner Reise nach Dalmatien auch Fiume, die Inseln Arbe und Veglia. Bald kamen hieher Johann Jakob Bernhardi (vor 1805), der mehrere Novitäten aus dieser Gegend beschrieb und Georg Jan (1812—1826), der überdiess auch den Monte Maggiore bestieg. Das Jahr 1818 brachte Friedrich Gottlieb Bartling (geboren 1798, gestorben 1875), einen modernen Botaniker nach Fiume. Derselbe verblieb hier mehr denn vier Wochen und lenkte durch seine Arbeiten [3]) die Aufmerksamkeit der auswärtigen Botaniker auf dieses Gebiet. Roberto de Visiani (geboren 1800, gestorben am 4. Mai 1878), der in den Jahren 1819 bis 1822 Süd-Istrien bereiste, scheint gleichfalls in Fiume gewesen zu sein, wenigstens existirt eine diessbezügliche Angabe [4]) von ihm. Im Jahre 1825 und später noch zweimal (Flora 1838, II. 516—517) kam Joseph Sadler hieher. Derselbe publicirte selbst Einzelnes, [5]) lieferte Beiträge zur Flora germanica excursoria von Reichenbach, überliess die Materialien seinen Schülern für etwaige Inaugural-Dissertationen, [6]) gab in seinen Exsiccaten auch Fiumaner Pflanzen aus und schrieb dazu einen erklärenden Text, [7]) während seine Aufzeichnungen erst durch Neilreich erschlossen worden sind. Der Monte Maggiore wurde wieder durch den Grafen Caspar von Sternberg (1825) [8]) und Dr. Barto-

---

[1]) Synopsis plantarum in Austria provinciisque adjacentibus sponte crescentium. Vindobonae, 1797, Ch. Fr. Wappler, 8⁰. (14) 667 p.

Icones et descriptiones graminum austriacorum. Vindobonae 1801—1809, IV. vol. Fol.

Flora Austriaca. Viennae 1827—1831. 8⁰. I. (1827) 577, II. (1831) 768 p.

[2]) Beschreibung einer Reise nach Istrien und Dalmatien vorzüglich in botanischer Hinsicht. Nürnberg und Altdorf, Monath und Kussler. 1805. 8⁰. 77.

[3]) Flora 1819, I. 53—59.

De litoribus ac insulis maris liburnici. Diss. geogr.-bot. Hanoverae 1820, 8⁰. V. und 48 p.

Beiträge zur Flora der österr. Küstenländer (im zweiten Hefte der in Gemeinschaft mit H. L. Wendland herausgegebenen „Beiträge zur Botanik" [1825, p. 35—132]). Letztere unvollendet.

[4]) Stirpium dalmaticarum specimen. Patavii 1827, 4⁰. XXIII. und 57 p., VIII. tab.

[5]) De Filicibus veris Hungariae, Transylvaniae, Croatiae et litoralis hungarici. Budae 1830, 8⁰. 70 p.

[6]) Joannes Czompo Diss. inaug. med. bot. de Euphorbiaceis Hungariae, Croatiae, Transsylvaniae, Dalmatiae et Litoralis hungarici. Pestini 1837, 8⁰. 16 p.

Carolus Feueregger Diss. etc. de Valerianeis etc. Pestini 1837, VIII, 30 p. 8⁰.

Franciscus Kramer Diss. etc. enumerans species hungaricas Ranunculi etc. Pestini 1844. 8⁰. 16 p.

Johann Grész Diss. etc. De Potentillis etc. Pest 1837, 8⁰. VIII. und 30 p.

[7]) Magyarázat a magyar plánták száritott gyüjteményéhez. II. vol. (1824—1836). Nicht gesehen.

[8]) Bruchstücke aus dem Tagebuche einer Reise von Prag nach Istrien: Flora IX. 1 (1826), Beil. I. 1—86.

Z. B. Ges. B. XXVIII. Abh. **43**

lomeo Biasoletto (gestorben 1858)[1]) sowie Sadler (1829) besucht. Der württembergische naturhistorische Reiseverein schickte F. A. Müller unter Andern auch nach Fiume, doch scheint dessen Ausbeute, wenigstens nach Christian Friedrich Hochstetter's (geboren 1787, gestorben 1860) Bericht (Flora 1827, I. 65–74, 81—92), keine besonders glänzende gewesen zu sein. Die botanische Kenntniss unseres Gebietes hatte sich bisher aus den Leistungen flüchtiger Reisender aufgebaut und dass ein Botaniker endlich seinen bleibenden Wohnsitz hier aufschlage, war ein sehnlicher Wunsch Vieler. Im Jahre 1831 kam aus Berlin nach Fiume behufs Uebernahme der Leitung der Apotheke seines Schwagers Dr. Friedrich Wilhelm Noè. Derselbe entfaltete in der That eine vielseitige Thätigkeit. Er lieferte Beiträge zu Reichenbach's Flora germanica exsiccata, schrieb Einiges über die Flora von Fiume[2]) und stand mit Heinrich Gottlieb Ludwig Reichenbach (geboren 1793) und Wilhelm Daniel Joseph Koch (geboren 1771, gestorben 1849) in lebhafter Correspondenz. Letzterer hatte schon zu jener Zeit, als er in Verbindung mit Franz Karl Mertens (geboren 1764, gestorben 1831) das epochemachende Werk „Deutschlands Flora" schrieb, auch unser Gebiet in den Kreis seiner Beachtung gezogen und Noè's Mitwirkung konnte ihm nur willkommen sein. Doch bald lief sein ganzes Streben auf einen ziemlich profanen Pflanzenhandel hinaus und gab er käufliche Collectionen aus der Fiumaner Flora heraus, von welchen Hoppe erklärte, dass sie fast ohne Ausnahme falsch bestimmt,[3]) dass die vorgeblichen neuen oder selteneren sich als bekannt ergeben und nicht einmal zu den Gattungen, mit deren Namen sie überschrieben, gehörig sind (Flora 1832, II. 647). Dabei erlaubte er sich Pflanzen- und Etiquetten-Verwechslungen, Standorts-Fälschungen und hatte überdiess einen sehr laxen geographischen Begriff von Fiume. Als seine Absatzquellen zu versiegen begannen, entschloss er sich den Schauplatz seiner Thätigkeit nach dem Orient, wo er auch den Tod fand, zu versetzen. Bevor er jedoch Fiume verliess (1844) übergab er dem Dr. Fabris ein Manuscript über die Flora der dortigen Gegend, das gleichsam als posthumes Werk erst im Jahre 1859 erschienen ist.[4]) Noè's Thätigkeit hatte das einzige Resultat zur Folge, dass eine Reihe auswärtiger Botaniker, wie Sir Georg Bentham (1837),[5]) Heinrich Freyer,[6]) Dr. Sigmund Graf (gestorben 1838),[7]) Dr. August Papperitz, Dr. Otto Sendtner (geboren 1814,

---

[1]) Flora XII. 1. (1829) 154—156 (Correspondenz), Bericht über eine Reise durch Istrien: Ebendas. XII. 2. (1829) 513—525, 529—541.

[2]) Ebendas. XV. 1. (1832) 243—251 (Correspondenz). Ebendas. XVI. 1. (1833) 129—144 (Seltenheiten aus der Flora der Umgebung von Fiume in Istrien).

[3]) Ebendas. XXI. 2. (1838) 693—696 (Bemerkungen über einige Pflanzen in Noè's plantae Istrianae exsiccatae).

[4]) Almanaco Fiumano per l'anno 1858. Fiume 1859. 8°. 161. (61—80: Flora di Fiume e del suo Litorale).

[5]) Nach Joseph Freyn Verh. d. k. k. zool.-botan. Ges. XXVII. (1877) 257.

[6]) Flora XII. 2. (1839) 583—591.

[7]) Ebendas. XVI. 1. (1833) 289—293 (Nähere Bezeichnung mehrerer seltener Gewächse aus der Flora von Krain).

gestorben 1859) und Mutius Ritter von Tommasini[1]) rasch nach einander hieher kamen, sowie selbst der dortige Apotheker Domenico Morovich sich an die Durchforschung der Fiumaner Flora machte.[2]) Unter Allen jedoch hat sich Hofrath Tommasini die tiefste Einsicht in die Vegetationsverhältnisse unseres Gebietes erworben. Diess ermöglichten ihm mehrfache Reisen hieher, die Verbindungen mit den genannten Männern, worunter manche wie Sendtner ihm ihre Materialien oder doch die Listen der von ihnen gefundenen Pflanzen überliessen. Diese Periode zu schildern wäre in erster Reihe Tommasini oder Jemand, der in dessen Aufzeichnungen Einsicht nehmen könnte, berufen. Visiani's in den Jahren 1842—1852 erschienene Flora dalmatica hat die Botaniker von unserem Gebiete abwendig gemacht und so trat eine nahezu ein Decennium währende Stagnation in der Durchforschung desselben ein, der Dr. Joseph Calasanz Schlosser Ritter von Klekovski[3]) und Ludwig von Farkaš-Vukotinović[4]) ein Ende setzten. Sie veröffentlichten die Resultate ihrer Forschungen theils einzeln theils vereint.[5]) Im Jahre 1860 lieferte C. Radlkofer einen Beitrag zur Algen-Flora von Fiume (Verh. d. k. k. zool.-botan. Ges. X. Sitzber. 60—62) und drei Jahre später erschien Dr. Joseph Romuald Lorenz's für den quarnerischen Golf bedeutsames Werk[6]), während die in Aussicht gestellten (Verh. d. k. k. zool.-botan. Ges. VIII. 14—15, 102, IX. 65) pflanzengeographischen Arbeiten über das Festland unausgeführt blieben. Im Jahre 1864 besuchte auch Dr. Anton Kerner Ritter von Marilaun Fiume und finden sich in dessen Arbeiten[7]) einzelne hieher gehörige höchst werthvolle Angaben. Im Jahre 1868 erschienen Dr. August Neilreich's epochemachenden Vegetationsverhältnisse Croatiens[8]) und fand Fiume, weil damals noch croatisches Territo-

---

[1]) Linn. XI. (1837) 433—462 c. tab. VIII. IX: Streifzug von Triest nach Istrien im Frühling 1833 (mit Biasoletto).

Flora XXI. 2. (1838) 450—456 (Ueber einige Arten von Orobus) XXIII. I. (1840) 283—286 (Ueber einige von T. eingesendete Pflanzen).

Oesterr. bot. Zeit. XX. (1870) 225—231 (Streifblicke auf die Flora der Küsten Liburniens). Verh. d. k. k. zool.-botan. Ges. XI. (1861) 330—336 (Ueber zwei zweifelhafte Pflanzen W u l f e n's).

[2]) Ueber eine Excursion nach Veglia. Flora XVII. 1. (1834) 77—80.

[3]) Oesterr. Bot. Wochenbl. II. (1852) 325, 329—332, 336.

[4]) Hieracia croatica in seriem naturalem disposita. Zagrabiae, Ludov. Gaj, 1858, 4°. 21 p. Linn. XXVI. (1853) 295—344 (Ueber die Formen der Blätter und die Anwendung der naturhistorischen Methode auf die Phylographie).

[5]) Syllabus florae croaticae. Zagrabiae 1857. 12°. V. 192 und XVI p. Erschien zuerst im „Gospodarski list" V. (Agram 1857) 6 u. ff.

[6]) Physikalische Verhältnisse und Vertheilung der Organismen im Quarnerischen Golfe. Wien 1863, 8°. XII. und 379 p.

[7]) Oesterr. bot. Zeit. XVII—XXVIII. (1867—1878).

Monographia Pulmonariarum. Oeniponte 1878. 4°. III. und 52 p. c. XIII. tab. Ber. d. naturw.-medic. Ver. in Innsbruck. II. (1871) 132.

[8]) Die Vegetationsverhältnisse von Croatien. Wien 1868, 8°. XLI. und 288 p.

Nachträge zu den Vegetationsverhältnissen von Croatien. (Verh. d. k. k. zool.-botan. Ges. XIX. [1869] 765—827).

Kritische Zusammenstellung der in Oesterreich-Ungarn bisher beobachteten Arten, Formen und Bastarte der Gattung Hieracium. Sitzungsber. d. mathem.-naturw. Cl. d. k. Akad. d. Wissensch. LXIII. 1. (Wien 1871) 424—500. Auch separat. 77 p. 8°.

43*

rium, in denselben die entsprechende Würdigung. Da Neilreich in den letzten Lebensjahren kränklich und an das Zimmer gefesselt war, so konnte er von den literarischen Behelfen und Exsiccaten, wie solche die Wiener Bibliotheken und Herbarien boten, nur insoferne Gebrauch machen, als dieselben ihm angehörten oder von Freundes Händen zugeführt worden sind. Neilreich's Werk ist somit, trotz der ihm innewohnenden Vorzüge, mangelhaft ausgefallen, die Herbarien des k. bot. Hofcabinets, Reichenbach's Flora germanica exsiccata wurden von ihm nicht benützt, sowie ihm eine Reihe von Arbeiten entgangen sind. So benützte er nicht Mertens' und Koch's Deutschlands Flora offenbar, weil er glaubte, die später erschienene Synopsis enthalte dasselbe und überdiess verbessert. De Candolle's Prodromus und einzelne Monographien wurden gleichfalls übergangen. Im Jahre 1867 berührte Dr. August Leopold von Reuss auch unser Gebiet.[1]) Als im darauf folgenden Jahre die vierzehnte Versammlung der ungarischen Aerzte und Naturforscher zu Fiume tagte, entschloss sich Madame Anna Maria Smith über mehrfache Aufforderung für die in Aussicht genommene „Topographie", die auch im Jahre 1869 erschienen ist, ein Verzeichniss der dort vorkommenden Pflanzen zu liefern.[2]) Wiewohl dasselbe nicht frei von Mängeln war, so lenkte sie dennoch dadurch die Aufmerksamkeit eines Tommasini, Anton Kerner, John Ball, Dr. Alexander Feichtinger in Gran, Filippo Parlatore (geboren 1815, gestorben 1877) und Joseph Claudius Pittoni Ritter von Dannenfeld (gestorben am 2. April 1878) auf sich, die ihr aber auch hilfreich an die Hand gingen. Der am 25. Mai 1870 verstorbene Dr. Emanuel Weiss besuchte im Jahre 1868 in Gesellschaft des Dr. Arthur Schultz aus Storkow[3]) den Monte Maggiore (Tommasini, Verh. d. k. k. zool.-botan. Ges. XX. 623). Das Jahr 1869 brachte die längst erwartete Flora croatica von Schlosser und Vukotinović[4]), die Neilreich's Erwartungen nicht entsprach und ihn zur Abfassung eines Nachtrages zu seinen Vegetationsverhältnissen bestimmte, während Vukotinović hiedurch unbeirrt an der weiteren Erforschung Croatiens arbeitete, um neues Licht über dasselbe zu verbreiten.[5]) Im Mai 1871 bereiste das Fiumaner Gebiet in Gesellschaft Tommasini's und Eduard Ritter von Josch's (geboren 1799, gestorben 1874) P. Gabriel Strobl.[6]) Im Jahre

---

[1]) Bericht über eine botanische Reise nach Istrien und dem Quarnero im Jahre 1867. Verh. d. k. k. zool.-botan. Ges. XVIII. (1868) 125—146.

[2]) Topografia storica - naturale, statistica e sanitaria della città del circondario di Fiume. Vienna 1869, 182 (53—64) p. 8º.

Topographie von Fiume und Umgebung vom naturwissenschaftlichen, historisch-statistischen und sanitären Standpunkte. Wien 1869. 173. (p. 49—60.) 8º.

Fiume és környékének tájrajza. Pest 1869. . . . (. . — . .) 8º.

[3]) Ueber dessen Flora istrica exsiccata, die ich leider nicht einsehen konnte, vgl. Dr. Paul Ascherson's Referat (Verh. d. brandenb. bot. Ver. 1869, p. 135—139, und Oesterr. bot. Zeit. 1869, p. 70—71).

[4]) Flora croatica. Zagrabiae 1869, 8 max. CXLI. und 1362 p.

[5]) Rad jugoslavenske akademije znanosti i umjetnosti XXXIV. (1876) 121—122.

[6]) Aus der Frühlings-Flora und Fauna Illyriens: Verh. d. k. k. zool.-botan. Ges. XXII. (1872) 577—616. Eine Frühlingsreise nach Süden. Graz 1872. 16º. 256 p.

1873 kam hieher Ferdinand Graf (gestorben 1877) aus Graz und scheint seine Ausbeute keine besondere gewesen zu sein, da er keinen Bericht hierüber schrieb. Im Jahre 1875 und 1877 berührte unser Gebiet Michael Stossich, doch lieferte er nur einige Angaben.[1]) Ihm folgte hieher Dr. Vincenz von Borbás, der in seinen Arbeiten eine Reihe ganz interessanter Details[2]) zu Tage förderte und dürfte dessen zu gewärtigender Bericht über seine Reise nach Croatien noch eine Fülle solcher bringen. — Ich komme nunmehr zu der bereits erwähnten Arbeit Staub's. Dieselbe ist das Ergebniss zweier aus Buda-Pest nach Fiume gemachten Excursionen (1875 und 1876) und bis zum Jahre 1869 eine blosse Uebersetzung von Neilreich's Arbeiten. Da, wo ihn diese in Stich lassen, zeigt er sich in seiner totalen Unfähigkeit. Er kennt nicht die Literatur über die Nachbargebiete, ja nicht einmal die über das fragliche Gebiet seit 1869 hinzugekommene, und nimmt die Angaben wo er sie eben findet, ohne dieselben auf ihre Glaubwürdigkeit zu prüfen. Eine so unlautere Quelle ist unter Andern das Manuscript „A magyar Korona tartományaiban az 1851—1870 éki években tett phaenologiai észleletek a növény-és állatorszag ból (Die in den ungarischen Kronländern in den Jahren 1851—1870 gemachten phaenologischen Beobachtungen aus der Pflanzen- und Thierwelt). Eine ziemliche Anzahl ihm selbst zweifelhafter Angaben wird in demselben angeführt und von ihm dennoch mit fortlaufenden Nummern versehen.[3]) Gegen die übrigen Autoren, deren Glaubwürdigkeit in sehr vielen Fällen fraglich ist, übt er die möglichst grösste Nachsicht, während die isolirten Angaben der Madame Smith, fast möchte ich sagen ostentativ, in Frage gestellt werden. Die Citate und Synonymik sind möglichst breit geschlagen und verbindet er dabei das Angenehme mit dem Nützlichen. Er trägt einen hohen Grad von Gelehrsamkeit zur Schau, die aber auch die ungarische Akademie horrend theuer bezahlen muss. Dabei steht er nicht auf der Höhe seiner Aufgabe, er nimmt das Neilreich'sche Werk blindwegs als

---

[1]) Eine Excursion in das kroatische Littorale. Oesterr. bot. Zeit. XXVI. (1876) 336—339. Excursione botanica sul monte Risniak in Crozia. Boll. dell. soc. di sc. nat. in Trieste. III. (1878) 506—513.

[2]) Adatok a sárga virágu szegfüvek és rokonaik systematicai ismeretéhez (Mathem. es természettud. közl. vonatkozólag a hazai biszonyokra. Kiadja a magyar tud. Akademia. XIII. (Budapest 1876) 187—216.

Beiträge zur systematischen Kenntniss der gelbblüthigen Dianthus-Arten und einiger ihrer nächsten Verwandten. Verh. d. bot. Ver. d. Prov. Brandenburg. XIX. (Berlin 1877) 1—29.

Az országos középtanodai tanáregylet közlönye (Organ des ungarischen Mittelschullehrer-Vereines) X. (1876—1877) 528, XI. (1877—1878) 503.

Természet (Die Natur) IX. (1877) . . . — . . . .: A magyar korona területén s határához közel észlelt bogácsfélék (Cynarocephalae) hybridjai (Die Hybriden C. Ungarns und der Grenzgebiete).

Adatok Arbe es Veglia szigetek nyári florája közelebbi ismeretéhez (Beitr. zur näheren Kenntniss d. Sommerflora der Inseln Arbe und Veglia (Separat-Abdruck aus Bd. XIV. der Mathem. és termeszéttudományi közl. vonatk. a haz. visz.) 8°. 72 p. (Budapest 1877).

Oesterr. bot. Zeit. XXV. (1875) 305, XXVI. (1876) 260, 348, XVII. (1877) 139, XXVIII. (1878) 135.

[3]) Vgl. auch Dr. C. Marchesetti, Alcune monstruosità della Flora Illirica: Boll. dell. soc. di sc. nat. in Trieste. III. (1878) 514—557.

Basis an, übersetzt dasselbe ohne sich um die unberücksichtigten Angaben weiter zu kümmern und kritisirt dort, wo er nur einen zweimaligen flüchtigen Aufenthalt für sich hat. Nimmt man hinzu, dass Staub noch vor kurzer Zeit, selbst in seinem engeren Vaterlande im Rufe eines eminent schlechten Pflanzenkenners stand und gerade desshalb in den dortigen öffentlichen Blättern mehrfach bekämpft worden, so kann man sich leicht denken, dass der Weg von der Phyto-Phaenologie zur Floristik nicht so leicht zurückzulegen ist als Herr Staub wähnte. Staub schrieb noch eine Berichtigung zur genannten Arbeit,[1]) eine phyto-phaenologische Studie über Fiume [2]) und einen grösseren Aufsatz über den Monte Maggiore,[3]) ohne J. R. Lorenz's Arbeit über dasselbe Thema (Peterm. geogr. Mitth. 1861, p. 230—232) zu kennen.

Die zweite Arbeit, die ich zu besprechen habe, rührt von Paul Matkovich her und ist bereits unter dem Eindrucke der früheren geschrieben. Mit der Synonymik nimmt der Verfasser es nicht genau. So ist nach ihm *Heteropogon* = *Andropogon Ischaemum* L., *Carex praecox* Jacq. = *C. umbrosa* Host, *Luzula lutea* DC. und *L. campestris* DC. = *Juncus campestris* L., *Orchis fusca* Jacq. eine Varietät von *O. militaris* L., *O. palustris* Jacq. hingegen von *O. maculata* L., *Carlina lanata* L. von *C. vulgaris* L., *Orobanche nana* Noè von *O. pruinosa* Lap. und *Alsine media* L. = *Lepigonum marginatum* Koch. Ueberdiess sind seine Angaben sehr vag und die Kenntniss der einschlägigen Literatur äusserst gering, so dass Vieles veraltet oder unrichtig ist.

Die dritte Arbeit hat Ludwig Rossi zum Verfasser. Derselbe schildert die Geschichte der botanischen Durchforschung des croatischen Litorales in grossen und schwungvollen Zügen ohne dabei etwas besonders Neues zu bringen und verflacht sich seine Darstellung in dem Augenblicke, wo er auf die Leistungen der Madame Smith zu sprechen kommt und ihr das Auffinden von Pflanzen, wie *Iris* n. sp., *Scorzonera latifolia* und *Orobanche* n. sp., die in deren vorliegender Arbeit fehlen, zuschreibt, während seine Ausbeute bloss aus *Aegilops uniaristata* Vis. und *Anthyllis atropurpurea* Schloss. et Vukot. besteht, somit, weil aus Missverständnissen hervorgegangen, eine nichtssagende ist, während die im Anhange (p. 748—753) versuchte pflanzengraphische Schilderung des genannten Litorales fast gar keine neuen Gesichtspunkte erschliesst und die statistischen Angaben, falls der systematische Theil nicht bald folgen dürfte, für immer werthlos bleiben!

Durch Versendung von getrockneten Pflanzen suchten unser Gebiet bekannt zu machen: Georg Jan, Dr. Friedrich Wilhelm Noè, Joseph Sadler,

---

[1]) Növénytani lapok II. (1878) 2—5.

[2]) A vegetatio fejlödése Fiume környékén (Die Entwicklung der Vegetalion in der Umgebung von Fiume): Mathematikai és természettudományi közlemények vonat kozólag a hazai viszonyokra (Mathem.-naturw. Mittheil. bezüglich der vaterl. Verhältnisse) Bd. XIV. 1876/77. Nr. 1. Budapest (1876). 8⁰. 16 p., 5 tab.

[3]) A vegetatio elterjedése Monte Maggiore-n és környékén Istriában (Die Verbreitung der Vegetation am Monte Maggiore und in dessen Umgebung): Természetrajzi füzetek. I. (Budapest 1877) 105—109, 171—175.

Anna Maria Smith und Dr. Moritz Staub, während Dr. Paul Ascherson[1]), Antonio Bertoloni (geboren 1775, gestorben 1869)[2]), Dr. Gottlieb Wilhelm Bischoff (geboren 1797, gestorben 1854)[3]), Edmond Boissier[4]), Carl Bouché[5]), Alphonse De Candolle[6]), Dr. Adolph Engler[7]), Joseph Freyn[8]), Elias Fries (geboren 1794, gestorben 1878)[9]), Charles Grenier und Dominique Alexander Godron[10]), August Griesebach[11]), Johann Heuffel (geboren 1800, gestorben 1857)[12]), Ludwig Freiherr v. Hohenbühel-Heufler[13]), Joseph Nicolaus von Jacquin[14]), Carl Koch[15]), Wilhelm Daniel Joseph Koch[16]), Philippo Parlatore[17]), Dr. Alois Pokorny[18]), Heinrich Gottlieb Ludwig und Heinrich Gustav Reichenbach[19]), Guillaume Reuter (geboren 1815, gestorben 1877)[20]), Joseph August Schultess (geboren 1773, gestorben 1831)[21]), Friedrich Wilhelm Schultz (geboren 1804, gestorben 1876)[22]) und Roberto de Visiani[23]) sich um die Aufklärung mehrerer Arten besondere Verdienste erworben haben.

---

[1]) Oesterr. bot. Zeit. XIX. (1869) 70—71.

[2]) Flora italica (phanerogama) I.—X. (1833 — 1854) 8⁰. Flora italica (cryptogama) I. (1858) 8⁰.

[3]) Beiträge zur Flora Deutschlands und der Schweiz. Heidelberg 1851, XX. und 342 p. 8⁰.

[4]) Flora orientalis. I.—IV. 1. (1867—1875) gr. 8⁰.

[5]) Betrachtungen über einige europäische Gladiolus-Arten: Linnaea XII. (1838) 477—485 (482—483).

[6]) Monographie des Campanulacées. Paris 1830. VIII. und 384 p. 4 c. 20 tab.

[7]) Monographie der Gattung *Saxifraga*. Breslau 1872. 8⁰. 291 p. und 1 Karte.

[8]) Die Flora von Süd-Istrien: Verh. d. k. k. zool.-botan. Ges. XXVII. (1877) 241—490. Auch separat.

[9]) Epicris Hieraciorum. Upsaliae 1862, 159 p. 8⁰.

[10]) Flore de France. III. vol. (Paris 1848—1856) 8⁰.

[11]) Commentatio de distributione Hieracii generis. Gottiugae 1852, 80 p. 4⁰. (4, 53, 73).

[12]) Fragmenta monographiae Caricum in regno Hungariae, Croatiae etc. sponte nascentium: Linnaea XXI. (1861—1862) 659—728.

[13]) Asplenii species europaeae: Verh. d. zool.-botan. Ver. VI. (1856) 235—254. Die angeblichen Fundorte des *Hymenophyllum tunbridgense* im Gebiete des adriatischen Meeres: Verh. d. k. k. zool.-botan. Ges. XX. (1870) 571—588 (584—587).

[14]) Collect. III. (1789) 265—273.

[15]) Linnaea XXII. (1849) 627—629.

[16]) Synopsis florae germanicae et helveticae ed. I. (1839) 8⁰., ed. II. (1843—1845) 8⁰.

[17]) Flora italiana. I.—V. 1. (1848—1873) 8⁰. und in DC. Prodr. XVI. 2. (1868) 361—521.

[18]) Verh. d. k. k. zool.-botan. Ges. IX. (1859) Sitzungsber. 125—126.

[19]) Flora germanica excursoria (1830—1832) 12⁰. Iconographia botanica I.—X. (1823—1833) 4⁰. Icones florae germanicae et helveticae. I.—XXII. (1834—1878).

[20]) Catalogues des graines recueillies en 1865 et offertes en échange par le jardin bot. de Genève 1865 (p. 4) 4 p. 4⁰. In DC. Prodr. XI. (1847) 1—45.

[21]) Oesterreichs Flora. Wien 1794. II vol. 8⁰. (Anonym), 2. Aufl. Wien 1814. II vol. 8⁰. Systema vegetabilium. VII vol. (1817—1830) 8⁰. Mit Johann Jakob Roemer (geboren 1763, gestorben 1819) und Julius Hermann Schultess (geboren 1804, gestorben 1840).

[22]) Andeutungen zur Kenntniss einiger Orobanchen Griechenlands: Flora XXVI. 1. (1843) 125—132 (p. 130).

[23]) Flora dalmatica. III vol. (1842—1852) 4⁰. Dass. Suppl. I. (1872) 4⁰. Dass. Suppl. II. 1. (1877) 4⁰. (Der Schluss ist im Drucke.)

Ich komme nun schliesslich zur Arbeit der Madame Anna Maria Smith. Dieselbe ist das Resultat mehrjähriger Beobachtungen und bestand ursprünglich aus drei Abschnitten, einer Einleitung, einer Aufzählung der um Fiume vorkommenden Pflanzen und einem nach Standorten und Monaten geordneten Excursionsplane. In der Einleitung, die mit Rücksicht auf die unterdessen erschienenen Arbeiten entsprechend modificirt werden musste, nennt die Verfasserin eine Reihe von Pflanzen, deren Vorkommen in dem fraglichen Gebiete ihr zweifelhaft oder irrig erscheint. Es sind dies: *Arabis verna* R. Br., *Cardamine (Pteroneuron DC.) graeca* L., *Malcolmia maritima* R. Br., *Vesicaria sinuata* Poir., *Clypeola Jonthlaspi* L., *Helianthemum guttatum* Mill., *Capparis spinosa* L., *Holosteum umbellatum* L., *Spartium junceum* L., *Ononis reclinata* L., *Pisum maritimum* L., *Lathyrus angulatus* L., *Pyrus amygdaliformis* Vill., *Pastinaca Fleischmanni* Hladn., *Cephalaria transsilvanica* Schrad., *Carlina acanthifolia* All. und *C. lanata* L., *Centaurea Karschtiana* Scop., *Hyoseris scabra* L., *Campanula Erinus* L., *Erythraea lineariaefolia* Pers., *Cortusa Matthioli* L., *Euphorbia saxatilis* Jacq., *Arisarum vulgare* Targ., *Arum Dracunculus* L., *Orchis Hostii* Tratt., *Bulbocodium vernum* L., *Erianthus Ravennae* P. B., *Panicum undulatifolium* Ard., *Imperata cylindrica* P. B., *Crypsis aculeata* Ait., *Polypogon monspeliensis* Desf., *Stipa Aristella* L., *Lamarckia aurea* Mnch., *Melica Bauhini* All., *Gaudinia fragilis* P. B., *Elymus crinitus* Schreb. und *Hymenophyllum tunbridgense* Sm.[1]) Das in Schlosser's und Vukotinović's Flora croatica oft genannte Kukuljani ist ein Dörfchen in der unmittelbaren Nähe der ersten Station an der Karlstädter Bahn und nicht zu verwechseln mit dem gleichnamigen Orte im Reciuathale, der im nächsten Abschnitte oft genannt wird. Bei der Enumeratio befleissigte ich mich der möglichsten Kürze ohne mir hiebei irgend welche erheblichere Abänderungen zu gestatten, ich füllte die lückenhaften Citate aus, wies auf die primären Quellen hin und suchte die Nomenclatur entsprechend richtig zu stellen. Wo mir diess unmöglich geworden, fügte ich Anmerkungen bei. Einige Neilreich und dessen Nachschreibern entgangene Angaben wurden, soweit sich dieselben auf die nächste Umgebung von Fiume beziehen, hier berücksichtigt, während dieses hinsichtlich des Monte Maggiore und der Insel Veglia aus Opportunitäts- und räumlichen Rücksichten nicht geschehen konnte, da Tommasini vor nicht langer Zeit eine grössere Studie über die letztere Localität veröffentlichte[2]), während eine solche über den Monte Maggiore von ihm gleichfalls zu gewärtigen ist. So viel jedoch glaube ich schon heute bemerken zu müssen, dass es zwei Monte Maggiore gibt, worunter der eine in Istrien, der andere im Venetianischen sich befindet. Da über beide Angaben existiren, so muss man bei der Benützung derselben höchst vorsichtig sein, was um so schwieriger wird, da es an einem ausführlicheren bibliographisch-biographischen Werke über die Botaniker Italiens gänzlich mangelt. Ich hätte auch sämmtliche Herbarien Wiens benützen sollen,

---

[1]) Vgl. Note 13.
[2]) Sulla vegetazione dell' isola di Veglia etc. Trieste 1875, 88 p. 8º.

doch musste ich von diesem Vorhaben, bei dem Fehlen der entsprechenden Standorts-Kataloge, abstehen, während das Resultat unter solchen Umständen in keinem Verhältnisse zu den Opfern an Zeit und Arbeit gestanden, sowie die Publication der Madame Smith viel von ihrer Originalität eingebüsst hätte. Die nicht von Madame Smith, Tommasini und Sendtner herrührenden Angaben wurden mit einem * bezeichnet. Indem ich die auf unser Gebiet bezüglichen Angaben genauer erwäge, kann ich mich der Ueberzeugung nicht verschliessen, dass ein nicht unerheblicher Theil derselben unrichtig oder doch zweifelhaft ist, während das Studium der kritischen Arten, Varietäten und Bastarten ziemlich vernachlässigt worden. Die vorliegende Arbeit ist somit berufen ein Ausgangpunkt für weitere Forschungen zu werden und gewiss konnte Madame Smith ihren Aufenthalt in Fiume nicht besser verewigen als durch die Abfassung dieser Schrift, die an Zuverlässigkeit und Vollständigkeit alle vorangegangenen Publicationen überragt.

Wien, am 1. Juni 1878.

Joseph Armin Knapp.

I. Dicotyledoneae.

Ranunculaceae.

Clematis Flammula L. An steinigen buschigen Stellen fast überall in der Küstengegend. Bei Fiume sehr häufig. VI. VII. — *Cl. Vitalba* L. Mit der vorigen, geht höher hinauf bis zur Grenze der Eichenregion. VI. VII. — *Cl. Viticella* L. Selten an buschigen Stellen unweit von der Küste. In Weingärten zwischen der Torpedo- und der chemischen Fabrik. Bei Abbazia jenseits des Dorfes an der Slatina. An felsigen Stellen am Meere jenseits Kantrida (L. Rossi). VII. VIII.

Thalictrum aquielegifolium L. Auf Bergwiesen des Monte Maggiore, Mte. Berlosnik und bei Veprinac gegen 316.081—379.297 Meter Höhe. V. VI. — *Th. minus* L. An buschigen Stellen auf der Wiese zwischen Vos und Peschiera auf der Insel Veglia. IV. V. — *Th. elatum* Jacq. An buschigen Stellen zwischen Fiume und Voloska, im Draga- und Rečinathale, am Friedhofe und in dessen Umgebung u. s. w. ziemlich häufig.

Anemone montana Hoppe. Auf Wiesen des Monte Maggiore. V. — *A. hortensis* L. (*A. stellata* Lam.). Auf sonnigen grasigen Abhängen meistens auf Hügeln hinter der Stadt, z. B. zwischen Belvedere und dem Skurinjathale, in und um den Friedhof u. s. w. III. IV. (zuweilen sogar im XII.). — *A. nemorosa* L. In Hainen und Wäldern der Eichenregion. Bei Kastva, im Rečinathale und auf grasigen schattigen Stellen im Dragathale. III. IV. — *A. ranunculoides* L. Selten auf schattigen Abhängen im Dragathale und in einem schattigen Thälchen links an der Strasse nach Drenova jenseits des Pulvermagazins. III. IV.

Adonis aestivalis L. Selten auf cultivirtem Boden. V. VI.

Ranunculus aquatilis L. In Wassertümpeln hie und da. VI. — *R. aconiti-folius* L. In höheren Bergwäldern des Monte Maggiore. V. VI. — *R. Ficaria* L. An grasigen Orten zwischen Felsen in Wäldchen, auf Wiesen häufig. V. VI. — *R. illyricus* L. Auf einem sonnigen, niedrigen, steinigen Hügelrücken bei Peschiera. V. VI. — *R. acris* L. Auf feuchten Wiesen. V. VI. — *R. nemoro-sus* DC. Auf trockenen Waldwiesen. V. VI. — *R. Villarsii* DC. Häufig auf Bergwiesen des Monte Maggiore und Mte. Berlosnik. V. VI. — *R. lanuginosus* L. Auf Bergwiesen und an schattigen Stellen des Monte Maggiore. V. VI. — *R. bulbosus* L. Auf Wiesen und Aeckern. IV.—VII. — *R. Philonotis* Ehrh. An cultivirten Orten. V.—VII. — *R. avensis* L. Auf Aeckern, an Wegrändern. V.—VII. — *R. parviflorus* L. (*R. chius* DC., *R. Schraderianus* F. et M.) Auf gebautem Boden, zwischen schattigen, halbfeuchten Felsen, Hecken u. s. w. IV. V.[1]) — *R. muricatus* L. Ebendaselbst. IV. V.

Helleborus odorus W. K. Auf steinigen, trockenen Weideplätzen der Hügel und unter Gebüsch häufig. XII. III.

Nigella damascena L. Auf Aeckern, in Weingärten, nicht sehr häufig. VI.—VIII.

Delphinium Consolida L. Auf Aeckern unter dem Getreide häufig. VII. VIII.

Actaea spicata L. In Wäldern des Monte Maggiore. V. VI.

Paeonia corallina Retz. In Wäldern bei Kastva. V. — *P. peregrina* Mill. In Wäldern und auf Hügeln des Monte Maggiore und Mte. Berlosnik 1106·28 bis 1264·32 Meter. V. VI. Im Skurinjathale (Noè Flora 1833, I. 143) kaum.

Berberidaceae.

Berberis vulgaris L. An Waldrändern und buschigen Orten. Bei Kastva und im Rečinathale selten.

Epimedium alpinum L. Sehr selten in Wäldern bei Kastva, bei Abbazia an der „Slatina" an der Landseite der Strasse. Auch in der Schlucht zwischen dem Monte Plavnik und Mte. Sissol nicht weit vom Mte. Maggiore (Sendtner). Im Kastvaner Walde, bei Bergudi (Tommasini).

Papaveraceae.

Papaver Rhoeas L. An Wegrändern, auf Aeckern, Felsen gemein. IV.—VII. — *P. Argemone* L. Auf Aeckern. V.—VII.

Glaucium flavum Crantz. (*G. luteum* Scop.) Auf Felsen und wüstem Boden am Meeresstrande. Bei Martinšćica in der Nähe der Torpedo-Fabrik u. s. w. VI. VII.

Chelidonium majus L. An Zäunen und wüsten Orten bei Dörfern. V.—VIII.

Corydalis cava Schweigg. et Körte. In Wäldern bei Kastva. In Wein-gärten bei Fiume hie und da. Im Thälchen links an der Strasse nach Drenova.

---

[1]) Nach Ascherson, Oesterr. bot. Zeit. XIX. (1869) 70—71, sind *R. parviflorus* L. und *R. chius* DC. (*R. Schraderianus* F. et M.) zwei verschiedene Pflanzen und wurde letzterer von Ludwig Parreys bei Fiume gesammelt (s. Boiss. Fl. or. I. 54 „Istria").

III. IV. — *C. solida* Lw. Auf dem Monte Maggiore (Tommasini). V. — *C. ochroleuca* Koch. Auf Felsen bei Zakalj, Tersatto, im Rečinathale. Besonders bei Kastva häufig. III.–VIII.

Fumaria officinalis L. AufMauern, Felsen und bebautem Lande. III.–VIII. — *F. Vaillantii* Lois. Mit der vorigen, jedoch seltener.

Cruciferae.

Barbarea vulgaris R. Br. An feuchten Orten hie und da. III. IV. — *B. arcuata* Rchb. An grasigen Stellen. IV. V. — *B. praecox* R. Br. Auf Wiesen bei Zakalj. III. IV.

Arabis alpina L. Auf Felsen des Monte Maggiore. V. VI. — *A. hirsuta* Scop. Auf Wiesen und grasigen Stellen häufig. IV. — *A. Turrita* L. An schattigen felsigen Orten. Bei Zakalj u. s. w. V. VI. — *A. Scopoliana* Boiss. (*Draba ciliata* Scop.) Am Monte Maggiore in der Einsattelung oberhalb Mala Ucka (Tommasini, Bentham, Biasoletto).

Cardamine hirsuta L. Ueberall als Unkraut in Gärten, an Wegen u. s. w. XII.–IV.

Dentaria enneaphyllos L. An schattigen steinigen Stellen im Rečinathale und im Kastvaner Walde selten. IV. — *D. bulbifera* L. Mit der vorigen. IV.

Hesperis laciniata All. Auf der Spitze des Scoglio di San Marco zwischen den alten Ruinen, viel häufiger auf der Insel Veglia zwischen Mal Tempo und Peschiero. IV. V.

Sisymbrium officinale Scop. Gemein auf Schutt, an Wegen, wüsten Orten. V.–VIII. — *S. Sophia* L. An ähnlichen Orten, doch minder gemein.

Alliaria officinalis Andrz. Iu Hainen an Zäunen. III. IV.

Erysimum repandum L. In Weingärten im Rečinathale neben Zakalj. IV. — *E. carniolicum* Doll. (*E. odoratum* Ehrh. β. *dentatum* Koch). Auf einem steinigen Abhange unter der Spitze des Monte Maggiore an der westlichen Seite. V. VI. — *E. orientale* R. Br. An Ackerrändern des Monte Maggiore. V. VI.

Sinapis arvensis L. An Wegen und auf Aeckern. IV.–VII.

Diplotaxis muralis DC. Gemein auf Mauern und an wüsten Stellen. IX. X. — *D. tenuifolia* DC. An ähnlichen Orten in der Nähe des Meeres. V.–VIII.

Eruca sativa Lam. Gebaut und an wüsten Orten verwildert. III. IV.

Alyssum montanum L. Auf sterilem Boden des Grobniker Feldes links an der Luisenstrasse. IV.–VI. — *A. calycinum* L. Auf steinigen Grasplätzen, wie Belvedere u. s. w. IV.–VI.

Peltaria alliacea L. Auf Felsen. Häufig bei Zakalj, Tersatto, Grohovo, im Rečinathale u. s. w. IV. V.

Kernera saxatilis Rchb. Auf dem Monte Maggiore (Sendtner).

Draba verna L. Auf steinigen Grasplätzen zwischen Felsen. XII.–IV.

Roripa sylvestris Bess. In Lachen und an Wegrändern. V. — *R. lippizensis* Rchb. Stellenweise auf Wiesen bei Zakalj. An der Seite der Strasse nach Voloska nächst der sogenannten „Seconda Rotonda". IV. V.

Thlaspi arvense L. Auf Aeckern am Fusse des Monte Maggiore. V. VI. — *Th. perfoliatum* L. Auf Aeckern, Grasplätzen, in Weingärten. III. IV. — *Th. praecox* Wulf. An grasigen Hügeln der Karstregion bis hinunter nahe an der Stadt, z. B. am Friedhofe u. s. w. häufig. III. IV.

Biscutella laevigata L. Auf Wiesen am Ufer der Lušica, zwischen (Chaoli) Čaolje und Lopača. Auf einer Wiese rechts an der Luisenstrasse, wo sie vom Grobniker Felde nach Kamenjak hinaufsteigt. V. VI. — *B. hispida* DC. An steinigen Orten zwischen Mal Tempo und Peschiera. IV. V.

Lepidium Draba L. An Wegen, auf Schutt, Mauern ziemlich häufig um die Stadt. An der Strasse zur Papierfabrik. IV. V. — *L. campestre* R. Br. Auf Wiesen und Aeckern. IV. V. — *L. graminifolium* L. (*L. Iberis* Poll. non L.). Sehr gemein an Wegen, auf wüstem Boden. VII.—X.

Capsella Bursa pastoris Mnch. Sehr gemein an Wegen und cultivirten Orten.

Aethionema saxatile R. Br. Auf Felsen und sterilen Hügeln nicht selten. IV. V.

Senebiera Coronopus Poir. In einem ausgetrockneten Strombette dicht an der chemischen Productenfabrik. V. VI.

Myagrum perfoliatum L. Bei Vos in der Nähe des Landungsplätzchens. VI.

*Bunias Erucago L. Unter dem Getreide bei Fiume (Noè Alm. 65, Schloss. et Vukot. Syll. 151). VII. VIII. *var. *B. macroptera* Rchb. Germ. 654, Ic. XII. f. 4161. Unter Saaten bei Martinščica Schloss. et Vukot. Fl. cr. 270).

*Rapistrum rugosum All. var. *R. glabrum* Host. Auf Aeckern bei Buccari (Schloss. et Vukot. Syll. 152).

Cakile maritima Scop. Am Meeresstrande bei der „Campagna Bergudi" an der Strasse nach Voloska. Bei Sisek (Rossi). VIII.—X.

Raphanus Raphanistrum L. Auf bebautem Boden. VI. VII.

Cistaceae.

Helianthemum vulgare Gärtn. Auf Wiesen, Hügeln häufig. IV.—VI. — *H. Fumana* Mill. An trockenen felsigen Orten nicht selten. Bei Santa Caterina, auf dem Grobniker Felde, bei Lovrana u. s. w. V.—VII.

Violaceae.

Viola hirta L. Auf trockenen Wiesen. III.—IV. — *V. odorata* L. Auf Wiesen, zwischen Steinen und an Wegen sehr häufig. XII. – IV. Die weisse Varietät bei Zakalj und im Dragathale ist viel seltener und blüht um einen Monat später. — *V. sylvestris* Lam. An Hecken und schattigen Orten. IV. V. — *V. canina* L. Auf Bergwiesen und höheren Hügeln. V. VI. — *V. mirabilis* L. In den Karstwaldungen in der Höhe von 316·08—632·16 Meter überall. — *V. tricolor* L. Auf Aeckern. IV.—VI.

Resedaceae.

Reseda Phyteuma L. An wüsten Orten. An der Triester Strasse bei Ponsal. V.—VII. — *R. lutea* L. An Wegen, in Weingärten. VI.—IX.

Polygalaceae.

Polygala vulgaris L. Fast überall an grasigen Orten. IV.—VIII.

Caryophyllaceae.

Tunica Saxifraga Scop. Sehr gemein. Sommer-Herbst, sogar während des milden Winters hindurch bis ins Frühjahr.
Dianthus prolifer L. Auf sterilem und wüstem Boden bei Zakalj. VI. VII. — *D. Armeria* L. Im Rečinathale bei Jelenje. VII. — **D. barbatus* L. In Wäldern und an buschigen Stellen bei Fiume (Sadler nach Neilr. Veg. Cr. 203). — *D. atrorubens* All. *(D. sanguineus* Vis.). Auf waldigen Hügeln und Berg-wiesen stellenweise. Ziemlich häufig bei Veprinac auf schattigen Wiesen. V. VI. — *D. liburnicus* Bartl. Auf buschigen steinigen Plätzen und bewaldeten Wiesen an der Strasse nach Voloska, bei Abbazia, Kastva, im Draga- und Rečinathale häufig. VII. VIII. — *D. sylvestris* Wulf. Auf trockenen Wiesen, Felsen, an sterilen Orten. Auf Felsen an der Brücke bei Zakalj, auf dem Grobniker Felde, wo die Strasse hinüber führt, auch auf Wiesen daselbst. V. VI. — *D. caryophylloides* Rchb. var. *litoralis* Noè (richtiger *D. sylvestris* γ. *litoralis).* Auf Felsen und trockenen Hügeln nicht selten. Viel häufiger als der vorige. V. VI.[1]) — *D. ciliatus* Guss. *(D. litoralis* Host). Im Spätsommer auf Felsen der quarnerischen Inseln am Meere. Ob auch am Scoglio di San Marco, bei Mal Tempo und Peschiera? — *D. monspessulanus* L. In Wäldern bei Kastva, Abbazia, Lopača, im Dragathale. VII. VIII.

Saponaria Vaccaria L. In Weingärten des Rečinathales selten. — *S. officinalis* L. An Wegen und Gräben hie und da. Am Fahrwege nach der Papierfabrik. VII. VIII.

Silene gallica L. Auf Feldern selten. Im Rečinathale bei Lopača und Jelenje. VI. VII. — *S. dichotoma* Ehrh. Auf schattigen Anhöhen hinter der Getreidemühle bei Zakalj. Offenbar eingeschleppt. V. — *S. italica* Pers. Auf Felsen, steinigen Hügeln, trockenen Wiesen häufig. Bei Zakalj, Kastva, Abbazia, im Rečina- und Dragathale. IV. V. — *S. nutans* L. γ. *livida* Neilr. An felsigen, schattigen Orten, auf waldigen Wiesen. Im Dragathale, bei Abbazia u. s. w. V. VI. *S. inflata* Sm. Fast überall. IV.—VIII. — *S. petraea* W. K. *(S. Saxi-fraga* L.). Auf dem Monte Maggiore (Tommasini).[2])

Lychnis Flos cuculi L. Auf feuchten Wiesen. Bei Lopača, Abbazia. V. VI. *Melandryum album* Garcke *(Lychnis vespertina* Sibth.). Auf Grasplätzen, Felsen und an Wegrändern. IV.—IX.

Agrostemma Githago L. Unter dem Getreide. VI. VII.

Drypis spinosa L. In losem Kalkgerölle meistens am Meeresstrande, ziemlich häufig bei Buccari, Martinščica Bergudi und auf einem steinigen wüsten Platze nächst Praputnik. V.—XI.

---

[1]) *D. caryophylloides* Rchb. Auf Felsen des Monte Tersatto (Noè Exs.). Das stark beschädigte Exemplar stimmt ganz gut mit der Reichenbach'schen Abbildung überein.

[2]) Die hier vorkommende Pflanze ist *S. petraea* W. K.

Sagina procumbens L. Auf dem Monte Maggiore (Tommasini). VII.
— *S. apetala* L. Auf trockenen Stellen, in Steinspalten, an Fussstegen. VI. VII.
Alsine laricifolia Whlbrg. Sehr selten auf dem Grobniker Felde an der
Luisenstrasse nach Jelenje in der Nähe der Sušica. VII. VIII. — *A. verna* Bartl.
An felsigen Orten auf dem Monte Maggiore. V. VI.

Lepigonum medium Whlbrg. *(Spergularia rubra* Fenzl). Am Meeresstrande bei Vos. VI. VII.¹)

Moehringia muscosa L. Auf schattigen Kalkfelsen hie und da. Im
Rečinathale gegen Grohovo. In Wäldern bei Kastva. IV.—VI. — *M. triner-
via* Clairv. In Wäldern. Bei Lopača, auf dem Monte Maggiore u. s. w. VI. VII.

Arenaria serpyllifolia L. Auf Wiesen, Mauern, bebautem Boden gemein.
VI.—VIII.

Stellaria media Cyr. Sehr gemein an cultivirten Orten. III.—XI. —
S. Holostea L. In Gebüschen bei Kastva. IV. — *S. graminea* L. In Gebüschen
des Rečinathales. VI.

Malachium aquaticum Fries. An nassen Orten hie und da. VI.—IX.

Cerastium semidecandrum L. Auf sonnigen trockenen Wiesen und
Hügeln gemein. III.—IV. — *C. viscosum* Fenzl (richtiger L. = *C. glomera-
tum* Thuill.). Wie das vorige. — *C. brachypetalum* Desp. Auf Wiesen in Wein-
gärten. V. — *C. vulgatum* L. spec. ed. II. 1627 non L. herb. *(C. triviale* Lk.).
Gemein an ähnlichen Orten wie die vorigen. V.—VII. — *C. arvense* L. An
Wegen und auf Felsen des Monte Maggiore. V. VI. β. *strictum* Koch. Auf
dem Monte Maggiore (Tommasini). — *C. sylvaticum* W. K. In Laub- und
Bergwäldern häufig. Auf dem Monte Maggiore, bei Lopača. VI.

Linaceae.

Linum gallicum L. Auf bewaldeten Wiesen gegen Preluka sehr reichlich,
auch in der Nähe der Quelle des Giessbaches, der an der „Slatina" bei Abbazia
ins Meer fliesst. Bei Kantrida. VI.—VIII. — *L. corymbulosum* Rchb. *(L. strictum* L.). Auf halbbewaldeten grasigen Abhängen seltener als das vorige. Bei
Kantrida. VI.—VIII. — *L. tenuifolium* L. Auf trockenen grasigen Hügeln bei
Fiume nicht selten. VII.—IX. — *L. angustifolium* Huds. Auf Mähwiesen gegen
Santa Caterina. V. VI. — *L. narbonense* L. Auf Bergwiesen des Monte Maggiore
und Mte. Berlosnik. V. VI. — *L. catharticum* L. Auf feuchten Wiesen bei
Lopača. V.—IX.

Malvaceae.

Malva sylvestris L. Gemein auf Wiesen und an wüsten Stellen. VI.—VIII.
— *M. rotundifolia* L. *(M. vulgaris* Fries). An Wegen und wüsten Stellen
gemein. VI.—IX. — *M. Alcea* L. Stellenweise an Rainen, buschigen Stellen,
Waldrändern, doch sehr zerstreut. Bei Zakalj, gegen Preluka. VII. VIII.

---

¹) Das Synonym ist unrichtig und soll heissen *S. media* Fenzl.

Althaea cannabinia L. An Gräben, auf Wiesen, an Hecken. Im Draga-
und Rečinathale, auf Felsen am Meere gegen Preluka. VI.—VIII. — *A. hirsuta* L.
Zerstreut an wüsten Stellen und steinigen Abhängen, sowie an Wegen. Im
Friedhofe, an der Triester Strasse. VI. VII.

Lavatera thuringiaca L. Auf einer Wiese bei Zakalj. (Ob eingeführt?)
VII.—IX.

Hibiscus Trionum L. An Wegrändern selten. Bei Ponsal. An der Strasse
nach dem Friedhofe. VII. VIII.

Tiliaceae.

Tilia parvifolia Ehrh. Gepflanzt. — *T. grandifolia* Ehrh. Ebenso.

Hypericaceae.

Hypericum perforatum L. Auf Wiesen, in Wäldern sehr häufig. V.—VIII.
— *H. veronense* Schrank. Mit dem vorigen. — *H. hirsutum* L. Auf buschigem
Kalkboden höherer Gegenden. V.—VII. — *H. montanum* L. An buschigen
Stellen höherer Gegenden. Bei Kastva, in einem Thälchen an der Strasse nach
Drenova. VI.—VIII.

Aceraceae.

Acer campestre L. In Wäldern an Wegen. III. IV. — *A. monspessula-
num* L. Häufig in Wäldern auf steinigen Hügeln. III. IV.

Geraniaceae.

Geranium sanguineum L. Zwischen Gebüschen nicht selten. IV. V. —
G. pusillum L. An Wegen hie und da. VII. — *G. dissectum* L. An Fusswegen
im Friedhofe und an der Strasse nach Voloska hie und da. VI.—VIII. —
G. columbinum L. An Wegen, wüsten und cultivirten Orten gemein. VI.—VIII.
— *G. rotundifolium* L. An ähnlichen Orten doch minder häufig. III.—VI. —
G. molle L. An Zäunen, Wegen ganz gemein. III.—X. *var. grandiflorum* Borbás
Oesterr. bot. Zeit. XXVIII. (1878) 176 *(G. villosum* Rchb. Icon. V. t. 191 non
Ten.). Im Rečinathale (Borbás l. c.). — *G. lucidum* L. Auf Felsen und an
schattigen steinigen Orten nicht selten. In Weingärten um Fiume, in Wäldern
bei Abbazia, Kastva u. s. w. IV.—XI. — *G. robertianum* L. In Wäldern, an
Rändern der Weingärten häufig. IV.—XI.

Erodium circutaruium L'Her. An wüsten und cultivirten Orten. III.—V.

Oxalidaceae.

Oxalis Acctosella L. In Wäldern bei Kastva und im Rečinathale zwischen
Grohovo und Lopača. IV. — *O. corniculata* L. Auf Felsen, Mauern, in Gärten
hier ein Unkraut. IV.—VII.

Rutaceae.

Ruta divaricata Ten. Auf steinigen sonnigen Hügeln und Abhängen
sehr häufig. V. VI. — *R. bracteosa* DC. Auf Mauern und an Zäunen stellen-

weise. Sehr selten. V. VI. — *R. patavina L. Auf Grasplätzen bei Porte Rè (Herb. d. Wiener Apotheker-Gremiums).
Dictamnus albus L. (D. Fraxinella Pers.). Auf steinigen und buschigen ziemlich gemein. V. VI. *β. obtusiflorus Rchb. (D. obtusiflorus Koch. Syn. ed. 1, p. 146. Bei Fiume (Noè in Koch l. c.) im Gebüsch. (Noè in Rchb. fl. germ. exs. nr. 1393) VI.

Zygophylaceae.

Tribulus terrestris L. An Wegen, Gräben. An der „Braida" unter der Mauer der Campagna Ponsal, an der Strasse nach Belvedere. Selten. VIII.—X.

Staphyleaceae.

Staphylea pinnata L. Sehr häufig im Kastvaner Walde. IV. V.

Celastraceae.

Evonymus europaeus L. An Waldrändern, auf schattigen Hügeln, in Hecken. V. — E. verrucosus Scop. Zwischen lockeren Steinblöcken im Rečina-thale am Wege nach Grobovo. V.

Rhamnaceae.

Paliurus aculeatus Lam. Ueberall auf mehr oder minder sterilem steinigem Boden, besonders an der Küste des Meeres gemein.
Rhamus intermedia Steud. et Hochst. (Rh. adriatica Jordan, Rh. infectoria Koch non L.). Auf dem Scoglio di San Marco, bei Mal Tempo. V. VI. — Rh. cathartica L. In Wäldern gegen Preluka. V. VI. — Rh. alpina L. Auf dem Monte Maggiore. V. VI. — Rh. Frangula L. In feuchten Wäldern. Am Ufer der Rečina bei Lopača. V. — Rh. rupestris Scop. An felsigen sonnigen Stellen. Bei Orehovica, an der Strasse nach Voloska. IV.—VI.

Anacardiaceae.

Pistacia Terebinthus L. Gemein in Gebüschen und auf waldigen Hügeln. V. — *P. Lentiscus L. Bei Fiume (Noè in Rchb. Fl. germ. exs. n. 1043). Rhus Cotinus L. An steinigen Abhängen sehr gemein. V.

Leguminosae.

Genista pilosa L. Auf Schiefer oder Sandstein im Rečinathale. Hinter Lopača. — G. diffusa W. An steinigen sonnigen Stellen des Kalkbodens. Am Monte Tersatto, auf dem Scoglio di San Marco. IV. V. — G. sericea Wulf. Auf Felsen und an steinigen wüsten Orten. Auf dem Scoglio di San Marco, an der Strasse zwischen Svilno und Čavlje. V. VI. — G. tinctoria L. Auf Wiesen, in Wäldern des Dragathales. V. VI. — G. elatior Koch. Auf feuchten Wiesen bei Lopača im Rečinathale. VI. — G. ovata W. K. In Wäldern, auf Wiesen, auf grasigen Hügeln des Kalkbodens. An der Strasse nach Voloska, im Skurinja- und Rečinathale, an der Triester Strasse, bei Abbazia. V. VI. — G. germanica L. β. inermis Koch. Auf Wiesen und in Wäldern bei Lopača und Jelenje. VI. — *G. sylvestris* Scop. Auf steinigen sonnigen Grasplätzen, trockenen Hügeln bloss stellenweise. An der Triester Strasse jenseits Ponsal, im Rečinathale jenseits Zakalj, im Skurinjathale. V. VI. — *Spartium junceum* L. Gemein bei Fiume (Noè Flora 1833, I. p. 141). Von mir vergebens gesucht. — *Cytisus alpinus* Mill. In Wäldern bei Lopača, auf dem Monte Maggiore. V. VI. — *C. sagittalis* Koch. Auf Wiesen und Felsen des Monte Maggiore und Mte. Berlosnik. V. VI. — *C. nigricans* L. Auf Wiesen, bewaldeten Abhängen und in Wäldern. VI. — *C. hirsutus* L. An buschigen Stellen und auf bewaldeten Hügeln häufig. IV. V. — *C. capitatus* Jacq. In Wäldern an schattigen Orten, seltener als der vorige. Im Rečinathale, bei Pobri über Voloska, bei Čavlje. VI.—VIII. — *C. argenteus* L. An felsigen, spärlich bewaldeten Orten hie und da. Auf einem Abhange an der Triester Strasse bei Ponsal und weiter gegen Kastva zu. V.

Ononis spinosa L. Gemein auf Hügeln, Wiesen, Mahden u. s. w. VI.—VIII. — *O. Columnae* All. Auf trockenen sonnigen Abhängen hie und da. Auf dem Monte Tersatto, bei Santa Caterina, auf dem Calvarienberge, bei Kantrida. VI.—VIII.

Anthyllis Vulneraria L. Auf trockenen Wiesen, an grasigen Stellen. IV. V. — *A. polyphylla* Kit. An gleichen Orten etwas häufiger als die vorige. V. VI. — **A. tricolor* Vukot. Rad. XXXIV. (1876) 121. Am Tersatto (Rossi nach Vukot. l. c.). Die Angabe, dass *A.* atropurpurea Schloss. et Vukot. ebendort vorkomme (Rossi Vienac IX. 748), beruht auf einem Missverständnisse. — *A. rubra* Dill. (s. b. *A. Dillenii* Schult.). Auf Felsen und wüsten Boden meistens am Meeresufer, z. B. auf dem Scoglio von San Marco. IV. V. — *A. Jacquini* Kern. (*A. montana* Auctor. non L.). Sehr selten auf trockenem sterilen Boden in höheren Lagen. Auf dem Grobniker Felde. VI.

Medicago sativa L. Auf Wiesen, an Wegen. V.—VII. — *M. prostrata* Jacq. Sehr häufig auf trockenen sonnigen Hügeln, z. B. bei Santa Caterina, auf dem Monte Tersatto u. s. w. VI.—VIII. — *M. lupulina* L. Auf Wiesen und bebautem Boden gemein. V.—IX. — *M. orbicularis* All. Gemein an cultivirten und uncultivirten Orten. V. VI. — *M. denticulata* W. Auf Wiesen. V. VI. — *M. apiculata* W. Auf bebautem Boden. V. VI. — **M. tribuloides* Lam. An sandigen Stellen am Meere bei Fiume (Noè in Koch Syn. ed. 1. p. 162, ed. 2. p. 178). — *M. Gerardi* W. K. An sonnigen kräuterreichen Orten, an Wegen in Weingärten. In einem Weingarten an der Strasse nach Drenova vis-à-vis der militärischen Schiessstätte. V. VI. — *M. cordata* Desr. (*M. maculata* W.). Auf Wiesen und an cultivirten Orten. V. VI. — *M. minima* Bartal. Sehr gemein auf wüstem und bebautem Boden, sowie an Wegen. V. VI. **γ. longiseta* DC. Im Rečinathale (Borbás Az orsz. közept. tanáregyl. közl. XI. 503).

Trigonella corniculata L. An Wegen auf Wiesen häufig. V. VI. — *Melilotus alba* Desr. An Wegen und auf Aeckern. VII.—IX. — *M. officinalis* Desr. An grasigen Orten und Wegen. VII.—IX. — *M. indica* All. (*M. parviflora* Desf.). An Wegen, auf Wiesen, Schutt, wüstem Boden. V. VI.

— *M. Tommasinii* Jord. Fiume im neuen Lazareth (Noè in Rchb. Ic. XXII. 58 und Exc. als *M. parviflora).* IV.

Trifolium pallidum W. K. An einem kleinen ausgetrockneten Sumpfe in der Nähe von Mal Tempo. VI. Zwischen Fiume und Voloska, desgleichen oberhalb Voloska längs der Strasse, die auf den Monte Maggiore führt (Noè in Rchb. Fl. germ. exsicc. nr. 1362). — *T. pratense* L. Gemein auf Wiesen, Feldern u. s. w. V.—VIII. — *T. alpestre* L. In Bergwäldern und Gebüschen. Bei Veprinac, am Rande des Grobniker Feldes. V. VI. — *T. rubens* L. Auf Waldwiesen sehr häufig. V. VI. — *T. ochroleucum* Huds. An waldigen Orten nicht häufig. Bei Zakalj. V. VI. — *T. stellatum* L. An trockenen Orten. V. — *T. incarnatum* L. Gebaut und häufig verwildert als *T. Noëanum* Rchb. Fl. germ. exsicc. nr. 1366 bei Fiume, auf Wiesen. V. (Noè in Rchb. l. c.) Ist die Spielart mit lichtgelben Blüthen und *T. Molinieri* Balb. auf Wiesen zwischen Fiume und Voloska (Noè in Rchb. l. c. nr. 760) die weissblüthige. — *T. angustifolium* L. Auf bewaldeten Wiesen stellenweise in Menge. An der Strasse und in Wäldchen gegen Preluka. VI. VII. — *T. lappaceum* L. Auf sonnigen Abhängen. Bei Kantrida in der Nähe des Meeresstrandes. VI.—VIII. — *T. arvense* L. Auf Wiesen und Aeckern. V.—VII. *β. strictius* M. K. Deutschl. Fl. V. (1839) 270 excl. syn. Weitenw., *T. gracile* Rchb. Fl. germ. exsicc. nr. 1363 non Thuill. Bei Fiume (Noè in Rchb. l. c.) auf Wiesen in der Nähe des Meeres (Flora 1838 p. 694). — *T. striatum* L. An sonnigen Orten. V. VI. — *T. scabrum* L. An Wegen, auf sonnigen Hügeln, auf trockenen steinigen Abhängen an der Küste recht häufig. V.—VII. — *T. subterraneum* L. An grasigen Orten. V. VI. — *T. fragiferum* L. Auf feuchten Wiesen bei Peschiera auf der Insel Veglia, in grosser Menge. VI. VII. — *T. hybridum* L. Auf feuchten Grasplätzen. VI. — *T. repens* L. Gemein auf Wiesen. V.—VIII. — *T. nigrescens* Viv. An grasigen Orten. V. VI. — *T. montanum* L. Auf Wiesen zwischen Wäldern sehr häufig. V.—VII. — *T. procumbens* L. und var. *T. campestre* Schreb. Auf Wiesen, Aeckern u. s. w. gemein. VI.—VIII.

Dorycnium suffruticosum Vill. Auf Felsen, bewaldeten Wiesen gemein. IV.—VI.

Lotus corniculatus L. *β. ciliatus* Koch. In Wäldern auf Wiesen fast überall. V.—VIII. — *L. ornithopodioides* L. An Zäunen der Küstengegend nicht häufig. — *L. cytisoides* L. Auf Felsen am Meere.

Colutea arborescens L. Zwischen Gesträuchen nicht selten.

Astragalus Mülleri Hochst. et Steud. *(A. argenteus* Bertol.). An sonnigen steinigen Orten auf dem Scoglio di San Marco, bei Vos und Peschiera. V. — *A. illyricus* Bernh. *(A. Wulfeni* Koch). Häufig auf ähnlichen Standorten. Auch bei Mal Tempo. IV. V. — *A. glycyphyllos* L. An waldigen und buschigen Orten hie und da. Im Rečinathale, bei Santa Caterina. V. VI.

Scorpiurus subvillosa L. Auf bebautem Grunde bei Fiume.

Coronilla Emerus L. Gemein in Felsenspalten, in Gebüschen und Wäldern. IV. V. — *C. coronata* L. *(C. montana* Scop.). An steinigen waldigen Orten.

Bei Zakalj, gegen Preluka. V. VI. — *C. scorpioides* Koch. Auf trockenen Wiesen, an grasigen Stellen, zwischen Steinen und Felsen. V. VI. — *C. cretica* L. Sehr selten. Einmal auf einem sehr beschränkten Standorte bei Belvedere. Jetzt unter Steinhaufen begraben. VI. — *C. varia* L. Auf Wiesen, an Wegrändern. V. VI. *Hippocrepis comosa* L. Auf Wiesen, grasigen Hügeln häufig. V.—VIII. *Onobrychis Tommasinii* Jord. *(O. arenaria* Koch non DC.). Auf Wiesen und Hügeln gemein. VI.—VIII. *Vicia tenuifolia* Roth. An Hecken, in Gebüschen u. s. w. — *V. Cracca* L. In Gebüschen, an Hecken, auf Aeckern. V.—VII. — *V. varia* Host. An Hecken und buschigen Stellen häufig. V.—VII. — *V. bithynica* L. Auf Wiesen hie und da häufig. Im Draga- und Rečinathale, sowie am Friedhofe. V.—VI. — *V. oroboides* Wulf. In Bergwäldern des Monte Berlosnik nicht häufig. V. VI. — *V. sepium* L. Unter Gesträuchen und in Wäldern im Rečinathale ziemlich selten. Am Monte Maggiore (Tommasini). — *V. pannonica* Crantz. mit der var. β. *purpurascens* Ser. Auf Aeckern selten. Auf einem wüsten Abhange an der Rečina bei der Zakaljbrücke. V. VI. — *V. hybrida* L. An cultivirten Orten hie und da. V. VI. — *V. lutea* L. β. *hirta* M. K. Wie die vorige. Auf der Wiese bei Vos. V. — *V. grandiflora* Scop. In Wäldern, Gebüschen gemein. V. VI. — *V. sativa* L. Auf Wiesen und Grasplätzen. V. VI. — *V. angustifolia* Roth. Zwischen Gebüsch, an Rainen und mit der vorigen. IV. V. — *V. peregrina* L. Sehr selten. An der Triester Strasse jenseits des rauhen Fahrweges der bergab zur Torpedo-Fabrik führt. V. VI.

Ervum tetraspermum L. Auf sandigen grasigen Stellen. VI. VII. — *E. hirsutum* L. Auf bebautem Boden. IV. V. — *E. Ervilia* L. Auf Aeckern bei Fiume (Schloss. et Vukot. Syll. 127). — *E. nigricans* M. B. An sterilen Stellen bei Fiume selten (Müll. Flora 1827. I. 71 mit?).

Lathyrus Aphaca L. Auf Aeckern, Hügel, an Rainen VI. VII. — *L. Nissolia* L. Unter der Saat. Bei Tersatto. V. VI. — *L. stans* Vis. In Weingärten bei Tersatto. IV. V. — *L. Cicera* L. An Wegen, in Weingärten. V.—VII. — *L. setifolius* L. In Weingärten und an steinigen Orten. V. VI. — *L. pratensis* L. Auf Wiesen, in Gebüschen. V.—IX. — *L. annuus* L. An kräuterreichen und cultivirten Orten. Sehr selten. V. VI. — *L. latifolius* L. Auf bewaldeten Wiesen und in Gebüschen gemein. VI.—X.

Orobus vernus L. In Wäldern, auf Wiesen. III. IV. — *O. variegatus* Ten. In Wäldern im Rečinathale bei Zakalj, auch bei Kastva. IV. — *O. pannonicus* Jacq. var. *O. versicolor* Gmel. An trockenen grasigen Orten, aber nicht sehr häufig. An der Strasse nach Voloska bei Kantrida, bei Abbazia, an der Triester Strasse. V.—VII. — *O. lutens* L. Auf dem Monte Maggiore, oben in den Buchenwäldern (Sendtner). — *O. niger* L. Ueberall in Wäldern gemein. V. VI.

Amygdalaceae.

Prunus spinosa L. In Hecken, Vorhölzern. III. — *P. Mahaleb* L. Auf felsigen Hügeln, an Wegen und buschigen Orten, häufig. IV.

Rosaceae.

Spiraea Aruncus L. In Bergwäldern. Im Rečinathale bei Lopača und Jelenje. VI. — *S. Filipendula* L. Auf Wiesen und grasigen Hügeln gemein. V.—VII.

Geum urbanum L. An feuchten schattigen Orten im Rečinathale. V. VI.

Rubus idaeus L. Auf dem Monte Maggiore. V. VI. — *R. discolor* Weihe *(R. amoenus* Portenschl.) Gemein überall im Gebiete. V. VI.[1]) — *R. tomentosus* Borkh. Seltener als der vorige, doch auch bei Fiume. — *R. caesius* L. Am Rečinaufer gegen Kukuljani, im Dragathale und sonst hie und da. V.—VIII. — *R. glandulosus* Bell. In Wäldern des Rečinathales bei Lopača und Jelenje selten. VI. VII.

Fragaria vesca L. In Wäldern. III. IV.

Felatior Ehrh. In höhern Wäldern. IV. V.

Potentilla anserina L. Auf feuchtem Boden, an Wegen und Gräben. V.—VIII. — *P. hirta* L. An grasigen steinigen Stellen, auf sonnigen Hügeln an Wegen, seltener in lichten Wäldern hie und da. Bei Kantrida gegen Preluka, bei Svilno. V. VI. — *P. reptans* L. In Gräben, an wüsten feuchten Orten. VI.—VIII. — *P. sylvestris* Neck. *(P. Tormentilla erecta* Scop.). Auf trockenen Hügeln in Wäldern. VI.—VIII. — *P. verna* L. Auf dem Gipfel des Monte Maggiore. V. — *P. cinerea* Chaix. *(P. subacaulis* Wulf.). Auf sonnigen sterilen Weiden, Bergabhängen sehr häufig. III. IV. — *P. opaca* L. An felsigen Orten nicht häufig. Auf dem Scoglio di San Marco. IV. — *P. alba* L. Im Rečinathale jenseits Zakalj am Rande schattiger Wiesen sehr selten. IV. — *P. Fragariastrum* Ehrh. In Wäldern und Gebüschen gemein. III. IV.[2])

Agrimonia Eupatoria L. Auf Hügeln. an Waldrändern. VI.—IX.

Aremonia agrimonioides DC. In steinigen Bergwäldern des Monte Berlosnik. V. VI.

Poterium Sanguisorba L. Auf Hügeln und Wiesen. IV. V.

Rosa pimpinellifolia DC. Auf Berglehnen des Monte Maggiore und Mte. Berlosnik. V. VI. — *R. reversa* W. K. *(R. gentilis* Sternb.). Mit der vorigen. — *R. alpina* L. Auf dem Monte Maggiore. — *R. rubrifolia* Vill. In Bergwäldern des Monte Maggiore. — *R. canina* L. In Wäldern, Hecken, an Wegen. V. — *R. arvensis* Huds. Stellenweise auf waldigen trockenen Felsplätzen. Auf Abhängen im Dragathale. VI. — *R. rubiginosa* L. Auf steinigem Karstboden. V. VI. Auf dem schmalen, rauhen Wege zwischen Santa Caterina und dem Rečinathale eine noch weiter zu beobachtende Varietät. — *R. sempervirens* L. An rauhen Orten in der Nähe der Küste. V. VI. — *R. gallica* L. An Waldrändern, Rainen, auf trockenen Aeckern. Im Rečina- und Dragathale, bei Abbazia und stellenweise häufig im Kastvaner Walde. V. VI.

---

[1]) Ist eher *R. rusticanus* Merc., der auch bei Fiume vorkommt (siehe K e r n e r : Ber. des med.-naturw. Ver. II. 132). Nach F o c k e (Syn. Rub. Germ.) wäre *R. ulmifolius* S c h o t t. fil. der älteste für unsere Pflanze.

[2]) Ist offenbar K e r n e r's *P. carniolica*, die im Rečinathale vorkommt (vergl. K e r n e r, Oesterr. bot. Zeit. XX. 44).

Pomaceae.

Crataegus Oxyacantha L. An Hecken, Wegen. IV. V. — *C. monogina* Jacq. Mit der vorigen.

Mespilus germanica L. In Wäldern des Rečinathales. V.

Aronia rotundifolia Pers. Stellenweise auf Felsen. An der Luisenstrasse ober der Papierfabrik. IV.

Sorbus domestica L. In Wäldern des Rečinathales, bei Kastva. V. VI. — *S. torminalis* Crantz. In Wäldern. V. VI.

Onagraceae.

Epilobium angustifolium L. (*E. spicatum* Lam.). Auf dem Monte Maggiore (Tommasini). — *E. hirsutum* L. An Wassergräben und nassen Orten hie und da. Bei Jelenje im Rečinathale. V. VI. — *E. montanum* L. An buschigen Stellen bei Lopača. VI.

Callitrichaceae.

Callitriche verna L. In stehenden und fliessenden Wässern (Schloss. et Vukot. Syll. 175) namentlich bei Fiume (Noè Alm. 65). Von mir vergebens gesucht.

Lythraceae.

Lythrum Salicaria L. Auf feuchten Wiesen, an Bächen. VI.—VIII. — *L. Thymifolia* L. An einem ausgetrockneten Sumpfe bei Mal Tempo mit *Trifolium pallidum.* VI.

Cucurbitaceae.

Bryonia dioica Jacq. An Hecken und in Gebüschen. V. VI.

Portulacaceae.

Potulaca oleracea L. Auf bebautem und wüstem Lande, an Wegen, besonders an der Küste sehr gemein. IX. X.

Paronychieae.

Herniaria glabra L. Auf trockenen unfruchtbaren Stellen in der Nähe des Meeres. Auf dem Scoglio di San Marco und bei Mal Tempo. IV.—VI. — *H. incana* Lam. In der Nähe der vorigen und auf Wiesen bei Peschiera. IV.—VI. *Paronychia Kapela* Kern. (*Illecebrum Kapela* Hacquet Pl. alp. carn. [8—9] 12—13, t. 2, f. 1). An sonnigen sterilen Orten stellenweise. Auf dem Grobniker Felde links an der Luisenstrasse massenhaft, bei Santa Caterina und Mal Tempo sehr spärlich. V. VI.

Polycarpon tetraphyllum L. Auf Mauern und an Wegen in der Nähe der Stadt. VIII. IX.

Crassulaceae.

Sedum maximum Sut. An felsigen Orten in Weingärten und Wäldern häufig. VII.—IX. — *S. album* L. Auf Felsen und Mauern sehr gemein. VII. VIII. — *S. acre* L. An Wegen, auf Felsen gemein. VI. VII. — *S. sexangulare* L.

Wie das vorige. VI. VII. — *S. glaucum* W. K. (*S. hispanicum* Auct.). In höheren Bergwäldern des Monte Maggiore. — *S. dasyphyllum* L. Auf Felsen bei Martinščica (Tommasini). VIII.

Sempervivum tectorum L. Auf Dächern, Mauern, Felsen in Weingärten. VII. VIII.

Saxifragaceae.

Saxifraga tridactylites L. Auf Felsen. Im Draga- und Rečinathale, an der Luisenstrasse gegen Orehovica und im Skurinjathale. III. IV. — *S. lasiophylla* Schott. In felsigen Bergwäldern am Monte Maggiore. VI. — *S. Aizoon* Jacq. Auf dem Gipfel des Monte Maggiore.

Umbelliferaceae.

Sanicula europaea L. In Wäldern. IV. V.

Hacquetia Epipactis DC. An schattigen, steinigen, buschigen Stellen. Im Rečinathale, links an der kleinen Strasse durch das Thal nach Grohovo. IV. V.

Eryngium amethystinum L. Sehr gemein auf trockenen sterilen Bergabhängen, an Wegen. VIII. IX.

Apium graveolens L. In Gräben an Bächen. VII. VIII.

Petrovelinum sativum Hoffm. Ursprünglich aus südlichen Regionen eingeführt und nunmehr eingebürgert.

Trinia vulgaris DC. Zwischen Mal Tempo und Peschiera. IV. V.

Bunium montanum Koch. Auf dem Monte Maggiore. V. VI.

Carum Carvi L. Auf Bergwiesen des Monte Berlosnik. V. VI.

Pimpinella magna L. An steinigen buschigen Stellen. VI.–X. — *P. Saxifraga* L. Auf trockenen Wiesen und grasigen Hügeln. VII. VIII.

Bupleurum junceum L. In Gebüschen, an Hecken sehr gemein. VI.–IX. — *B. baldense* Turr. (*B. aristatum* Bartl.) Auf sonnigen grasigen steinigen Abhängen und Hügeln ziemlich häufig. Zwischen Kantrida und Voloska, gegen Drenova. VII. VIII. — *B. protractum* Lk. et Hffmsgg. Auf Aeckern und an Wegen sehr zerstreut. VI. VII. — *B. rotundifolium* L. Auf Aeckern und trockenen Wiesen selten. VI. VII.

Oenanthe silaifolia M. B. Auf feuchten Wiesen zwischen Peschiera und Vos. V. VI. — *Oe. pimpinelloides* L. Auf bewaldeten Wiesen häufig. Im Draga- und Rečinathale, bei Abbazia u. s. w. VI. VII.

Foeniculum officinale All. Gemein auf Felsen, an Wegen, in Gärten. VII. VIII.

Seseli Gouani Koch. Auf Felsen. An der Luisenstrasse zwischen Fiume und Orehovica. VIII. IX. — *S. Tommasinii* Rchb. fil. Auf steinigem Boden unterhalb der Luisenstrasse, in der Nähe der Rečina. VIII. IX.

Libanotis montana Crantz. Auf Bergwiesen des Monte Maggiore. VI. VII.

Athamanta Matthioli Wulf. Auf Felsen des Monte Maggiore und des Mte. Plavnik (Tommasini).

Ligusticum Seguieri Koch. Wie die vorige (Tommasini).

Cnidium apioides Spr. An sonnigen grasigen Stellen, zuweilen auch zwischen Steinen. Im Rečinathale, bei Orehovica, Mal Tempo, hier ziemlich häufig. VI. VII.

Crithmum maritimum L. Auf Felsen am Meere in Menge. VII.—X.

Angelica sylvestris L. Auf feuchten Wiesen, an Waldrändern. Bei Lopača. VII. VIII.

Ferulago galbanifera Koch. An grasigen Stellen häufig, besonders an der Voloskaer Strasse. VI. II.

Peucedanum Schottii Bess. β. *petreum* Noè. (*Schlosseria glauca* Vukot.) Auf Felsen und steinigen Hügeln nicht selten. Zwischen der Drenovastrasse und dem Skurinjathale auf kahlen steinigen Hügeln häufig. VII. VIII. — *P. Oreoselinum* Mnch. Auf Hügeln, Wiesen, an schattigen Stellen. VII. VIII. — *P. venetum* Koch. Stellenweise häufig durch das Gebiet. VIII.—X. — *P. Cervaria* Lap. An waldigen Orten. VIII. IX.

Pastinaca sativa L. Auf Wiesen, in Weingärten. VI.—VIII.

Anethum graveolens L. Unter dem Getreide.

Heracleum Sphondylium L. Auf Wiesen hie und da. Bei Zakalj, im Dragathale bei Orehovica. VI. VII.

Tordylium apulum L. Auf bebautem Boden. IV. V. — *T. maximum* L. In Weingärten. VI. VII.

Laserpitium marginatum W. K. Auf Felsen und Grasplätzen des Monte Maggiore (Tommasini). — *L. Siler* L. Auf Bergwiesen des Monte Berlosnik und Mte. Maggiore. V. VI. — *L. pruthenicum* L. Auf waldigen Wiesen bei Lopača. VIII. IX.

Orlaya grandiflora Hoffm. Auf Wiesen u. s. w. höchst gemein. V. VI.

Daucus Carota L. Auf Wiesen an grasigen Orten. V.—IX.

Caucalis daucoides L. An Wegrändern, auf Hügeln und Wiesen hie und da. An der Strasse zwischen Kantrida und Voloska. V. VI.

Turgenia latifolia Hoffm. An Zäunen, wüsten Orten sehr selten. Bei Zakalj. V. VI.

Torilis Anthriscus Gmel. An Zäunen und Waldrändern. VI.—IX. — *T. helvetica* Gmel. An Hecken, Wiesenrändern. V. VI. — *T. nodosa* Gaertn. Auf sterilem Boden und an Wegrändern. V.

Scandix Pecten Veneris L. Auf Aeckern, Wiesen und an Wegen häufig. III.—V.

Anthriscus sylvestris Hoffm. Auf dem Monte Maggiore. — *A. fumarioides* Spr. In schattigen Bergwäldern am Monte Maggiore. VII.

Chaerophyllum aureum L. Auf dem Monte Maggiore (Dr. Emanuel Weiss 1868). — *Ch. temulum* L. Auf schattigen Hügeln und Wiesen. V. VI.

Alschingera verticillata Vis. (*Physospermum acteaefolium* Presl). Auf Bergwiesen des Monte Maggiore und Mte. Berlosnik häufig. VI.

Conium maculatum L. An Zäunen. V.

Smyrnium perfoliatum Mill. An waldigen gebirgigen Stellen sehr zerstreut. Auf dem Monte Tersatto, bei Draga gornja gegen San Cosmo zu,

in einem Thälchen links an der Drenovastrasse jenseits des Pulvermagazins. IV.—VI.
Physocaulus nodosus Tausch. In Gebüschen. Bei Bergudi in der Nähe von Kastva. (Nicht in der Nähe der Stadt Fiume.)

Araliaceae.

Hedera Helix L. Auf Mauern, Felsen, Bäumen, in Wäldern. VIII. *Adoxa Moschatellina* L. Auf dem Monte Maggiore. III. IV.

Corneae.

Cornus sanguinea L. In Gebüschen und Wäldern. V. VI. — *C. mas* L. In Wäldern, an buschigen Orten. III. IV.

Loranthaceae.

Viscum album L. Parasitisch auf Obst-, namentlich Aepfelbäumen und *Sorbus domestica* stellenweise (Tommasini briefl. Mittb.). — **V. Oxycedri* DC. Bei Fiume (Noè Alm. 75). Häufig auf *Juniperus Oxycedrus* bei Bukarica (Schloss. et Vukot. Fl. cr. 1333).

Caprifoliaceae.

Sambucus Ebulus L. An Wegen, wüsten Orten, auf Schutt. VII. VIII. — *S. nigra* L. An Hecken, Gartenrändern. VI. *Viburnum Lantana* L. An buschigen Orten. V. VI. — *V. Opulus* L. In feuchten Waldgegenden. V. VI. *Lonicera etrusca* Santi. An buschigen steinigen Stellen häufig. Im Rečinathale, bei Kastva und Abbazia. Stellenweise auf Abhängen zwischen Kantrida und Voloska. V. VI. — *L. Xylosteum* L. In Bergwäldern zerstreut. Auf dem Monte Maggiore und Mte. Berlosnik. Im Rečinathale gegen Grohovo. V. VI. — *L. alpigena* L. In Bergwäldern gegen die Kuppe des Monte Maggiore. VI.

Rubiaceae.

Sherardia arvensis L. Auf Wiesen, Aeckern, Grasplätzen und in Weingärten gemein. IV.—VI. *Asperula arvensis* L. Auf trockenen sonnigen Wiesen sehr zerstreut. Auf Wiesen an der Triesterstrasse V. VI. — *A. cynanchica* L. Gemein an rauhen sonnigen Stellen. VII.—X. — *A. odorata* L. In Wäldern bei Kastva. V. *Galium Cruciata* Scop. An Waldrändern, Hecken. IV. V. — *G. vernum* Scop. Auf dem Monte Maggiore. V. — *G. Aparine* L. An Zäunen und Hecken. V. VI. — *G. tricorne* With. Auf trockenen wüsten Feldern. V.—VII. — *G. parisiense* L. γ. *divaricatum* Koch. Auf kräuterreichen Grasplätzen. Gegen Preluka. VI. — *G. verum* L. Auf Wiesen und grasigen Hügeln, V. VI. — *G. purpureum* L. Auf dem Monte Maggiore. — *G. Mollugo* L. An Hecken, Bächen und in Hainen. V.—VIII. — *G. lucidum* All. Auf felsigen Grasplätzen. Besonders üppig an der Voloskaer Strasse gegen Preluka zu. V. VI. — *G. aris-*

tatum Schult (*s. h. L. = G. laevigatum* L.). Häufig in Wäldern. Bei Lopača und sonst im Rečinathale. Bei Abbazia. VIII.—IX.

Vaillantia muralis DC. Auf Felsen im Meere bei Porto Rè und Mal Tempo. Auf dem Scoglio di San Marco. IV. V.

Valerianaceae.

Valeriana officinalis L. Auf Wiesen, in Auen. VI. VII. *V. exaltata* Mikan. Bei Zakalj. VI.—VII. — *V. tripteris* L. Auf Wiesen, Felsen und an Waldrändern des Monte Maggiore V. VI.

Centranthus ruber DC. An steinigen Orten hie und da. V.—VII. Wahrscheinlich verwildert.

Valerianella olitoria Poll. Auf Mähwiesen gegen Santa Caterina u. s. w. IV. V. — *V. dentata* Poll. Unter den Saaten. IV. V. — *V. Auricula* DC. Auf feingrasigen Wiesen gegen Preluka. V. — *V. carinata* Lois. An grasigen Orten. V. VI.

Dipsaceae.

Dipsacus sylvestris Huds. An Hecken und auf Wiesen stellenweise. VII.- IX.

Cephalaria leucantha Schrad. Auf grasigen steinigen Hügeln und Felsen. gemein. VII.—IX.

Knautia arvensis Coult. Auf Wiesen und grasigen Anhöhen. V. VI. — *K. sylvatica* Duby. In Wäldern.

Scabiosa Succisa L. Auf Wiesen und in Auen. VII.—IX. — *S. gramuntia* L. Auf steinigen sonnigen Bergabhängen, an Wegrändern und wüsten Stellen häufig. VIII.—X.

Compositae.

Eupatorium cannabinum L. An Bächen, Gräben und in Gebüschen. VII.—IX.

Adenostyles alpina Bluff et Fingerh. Auf dem Monte Maggiore (Tommasini).

Tussilago Farfara L. An feuchten Stellen auf Lehmboden. XII. III.

Petasites officinalis Mnch. Am Rečinaufer zwischen grobem Stromkiese. III. IV.

Linosyris vulgaris Cass. Auf trockenen kurzgrasigen Abhängen und an sonnigen steinigen Plätzen sehr zerstreut. Bei Grohovo. VII.—IX.

Aster Amellus L. Auf Felsen und buschigen steinigen Stellen. VIII.—X.

Bellis perennis L. Auf Wiesen nicht häufig. III. IV. — *B. silvestris* Cyr. Auf Hügeln und hügeligen halbbewaldeten Grasplätzen viel häufiger als die vorige. X.—XII.

Erigeron canadensis L. An Wegen und Rainen. VIII.—X. — *E. acris* L. Auf Hügeln sehr zerstreut. Bei Drenova. VIII. IX.

Solidago Virgaurea L. In Wäldern und zwischen Gesträuchen. VIII. IX.

Micropus erectus L. An Wegen, auf sonnigen sterilen Wiesen und Aeckern gemein. V. VI.

Buphthalmum salicifolium L. Sehr häufig in Wäldern, auf Wiesen und an Wegen. IV.—VIII.

*Asteriscus aquaticus Mnch. *(Buphthalmum aquaticum* L.) An sumpfigen Stellen des Seestrandes bei Porto Rè (Schloss. et Vukot. Syll. 51). VII. VIII. Dürfte, wiewohl von mir nicht beobachtet, hier vorkommen.

Pallenis spinosa Cass. An Ackerrändern bei Fiume (Noè in Koch Syn. ed. II. 392).

Inula ensifolia L. Auf Felsen und an steinigen Orten sehr selten. Bei Zakalj auf Felsen an der Brücke. VII. VIII. — *I. salicina* L. Auf feuchten Wiesen im Dragathale häufig. VII. VIII. — *I. squarrosa* L. Auf sonnigen dünnbuschigen Hügeln. An der Strasse nach Voloska stellenweise häufig und auf wüstem Boden im Friedhofe. VII. VIII. Als „Astre montane" ein Volksheilmittel gegen Schlangengift und diverse Wunden. — *I. hirta* L. Auf trockenen grasigen Hügeln und Grasplätzen zwischen Gebüschen. VI. VII. — *I. Conyza* DC. Auf wüsten Plätzen. VII.—X. — *I. crithmoides* L. Auf Felsen am Seestrande. Jenseits Kantrida, zwischen der Torpedo-Fabrik und Bergudi. VII. VIII.

Pulicaria dysenterica Gaertn. Auf feuchten Wiesen an Bächen und in Gräben. VII. VIII.

Cupularia viscosa Gren. et Godr. *(Pulicaria viscosa* Cass.) Auf Felsen und an steinigen Orten am Meere stellenweise sehr häufig, z. B. bei Martinščica an der Strasse gegen Kantrida, zwischen Abbazia und Jcići, sowie bei Peschiera. VIII. — *C. graveolens* Gr. et Godr. *(Inula graveolens* Desf.) An steinigen Wegränden bei Porto Rè. IX.

Bidens cernua L. An sumpfigen Stellen bei Jelenje und gegen Kukuljani im Rečinathale. VIII.

Filago germanica L. An Wegen und auf steinigen Hügeln. V. VI.

Gnaphalium sylvaticum L. In Wäldern bei Lopača. VIII. — *G. uliginosum* L. Auf sumpfigen Wiesen bei Lopača. VIII. — *G. dioicum* L. Auf sonnigen Waldblössen bei Lopača selten und häufig auf Bergwiesen des Monte Maggiore. V. VI.

Helichrysum angustifolium DC. Auf allen Hügeln und Bergen bei Fiume höchst gemein. VII. VIII.

Artemisia Absinthium L. Auf steinigen Hügeln häufig. VII. VIII. — *A. camphorata* Vill. Auf steinigen Bergen und Hügeln stellenweise sehr häufig. Vom Monte Tersatto bis an die Rečina und Fiumara, bei Santa Caterina und oberhalb Zakalj. VIII. IX. — *A. maritima* L. β. *gallica* Koch. Auf Felsen an der Küste. Auf dem Scoglio di San Marco, bei Mal Tempo. VIII. IX. [1]) — *A. vulgaris* L. Auf buschigen Abhängen und in steinigen Weingärten. VII. VIII.

Achillea nobilis L. *(A. odorata* Aut.) Auf grasigen Hügeln nicht selten. VI.—VIII. — *A. Millefolium* L. An Wegen und auf Wiesen. VI.—VIII.

---

[1]) Ist offenbar *A. valleriaca* All., die auch dort vorkommt (vergl. Borbás, Oesterr. bot. Zeit. XVII. 285).

Anthemis brachycentros Gay *(A. Pseudo-Cota* Vis.). Auf Felsen an der Brücke bei Zakalj. VI. — *A. Cota* L. *(= A. altissima* L.) Auf bebautem Boden. VI. VII. — *A. arvensis* L. Auf Aeckern. VI. VII. — *A. Cotula* L. An Wegrändern. auf Schutt, wüstem Boden u. s. w. V. VI.

Matricaria Chamomilla L. Auf wüstem und bebautem Boden. V.—VII.

Leucanthemum vulgare L. Gemein auf Wiesen und in Wäldern. V.—VII. — *L. montanum* DC. An sonnigen und felsigen Orten. Auf dem Scoglio di San Marco und bei Mal Tempo. VI. VII.

Pyrethrum corymbosum W. In Wäldern auf schattigen Wiesen und Abhängen. V. VI. — *P. Parthenium* Sm. An wüsten Orten hie und da verwildert. VI. VII.

Arnica montana L. Auf Bergwiesen des Monte Maggiore und Mte. Berlosnik.

Senecio nebrodensis L. *(S. rupestris* W. K.) Am Monte Maggiore. VII. VIII. — *S. abrotanifolius* L. Wie der vorige. — *S. vulgaris* L. Sehr gemein an cultivirten und uncultivirten Orten, an Wegen u. s. w. I.—XII. — *S. erucifolius* L. An Waldrändern hie und da. Bei Abbazia. VIII. IX. — *S. Jacobaea* L. Auf Wiesen. VI. VII. — *S. nemorensis* L. In Wäldern bei Kastva. VII. VIII. Auf dem Monte Maggiore (nach T o m m a s i n i fraglich). — *S. Doronicum* L. Auf dem Monte Maggiore. VI. VII. — *S. lanatus* Scop. *(S. Scopolii* Hoppe). Auf dem Monte Maggiore. V. VI.

Calendula arvensis L. In Weingärten und an grasigen Stellen zerstreut. III.—V. und im Herbst. *β. rugosa* Vis. *(C. sublanata* R c h b. in herb. N o è, *C. arvensis* var. *sublanata* R c h b. Fl. germ. exsicc. n. 829). In Weingärten bei Fiume (N o è in Rchb. l. c. et exs.)

Echinops Ritro L. *(E. elegans* B e r t.) Auf Felsen meistens am Meeresstrande zwischen Fiume und Voloska selten. VII.—IX.

Cirsium eriophorum Scop. Auf dem Monte Maggiore. VIII. (Nach T o m m a s i n i fraglich und vielleicht *C. decussatum* Janka). — *C. lanceolatum* Scop. An Wegen und wüsten Stellen. VII.—IX. — *C. noli tangere* Borbás *(C. eriophorum* × *lanceolatum v. nemorale).* Neben Vela Ucka an Waldrändern unterhalb des Monte Maggiore (B o r b á s Természet IX. . . .). — *C. acaule* All. An trockenen kurzgrasigen Stellen, auf sterilen Hügeln und Abhängen stellenweise. Auf dem Grobniker Felde und im Skurinjathale. VIII. IX. — *C. Erisithales* Scop. Auf höhern Bergwiesen des Monte Maggiore und am oberen Rande des Grobniker Feldes gegen Kamenjak. VIII. — *C. pannonicum* Gaud. Auf dem Monte Maggiore. — *C. Erisithaloides* Huter *(C. super-Erisithales* × *pannonicum).* Bei Vela Ucka an Waldrändern (B o r b á s Természet IX. . . . .) — *C. Linkianum* Löhr *(C. sub-Erisithales* × *pannonicum).* Bei Vela Ucka an Waldrändern (B o r b á s Természet IX. . . .). — *C. palustre* Scop. Auf dem Monte Maggiore. — *C. Ausserdorferi* Hausm. *(C. sub-Erisithales* × *palustre).* Bei Vela Ucka an Waldrändern des Monte Maggiore (B o r b á s Természet IX. . . .). — *C. palustre* × *pannonicum* Borbás. Bei Vela Ucka (B o r b á s Oesterr. botan.

46*

Zeit. XXVII. 181). — *C. hemipterum* Borbás *(C. pannonicum* × *palustre)*. Bei Vela Ucka an Waldrändern unterhalb des Monte Maggiore (Borbás Természet IX. . . .). — *C. arvense* Scop. An Rainen, wüsten Stellen und auf Aeckern. VI.—VIII.

Carduus collinus W. K. Auf sonnigen Hügeln häufig. VI. VII. (Ist eher *C. candicans* W. K.). — *C. nutans* L. Auf Hügeln und an Wegen häufig. VI.—IX. — *C. litoralis* Borbás *(C. candicans* × *nutans)*. Um Čavlje an felsigen Orten zwischen den Weingärten (Borbas Természet IX. . . .).

Onopordon illyricum L. Auf sterilem sonnigem steinigem Boden bei Peschiera. VI. VII. — *O. Acanthium* L. An Wegen und an wüsten Stellen. VII. VIII.

Lappa officinalis All. (*L. major* Gaertn.). Auf wüstem Boden bei Zakalj. VII. VIII. — *L. minor* DC. Auf unbebautem Boden hie und da. VII. VIII.

Carlina aggregata W. K. (*C. simplex* Koch. W. K. part.). An sonnigen und gebirgigen Stellen kaum unter 252.865 – 316.081 Meter zerstreut. Bei Drenova, Kastva, am Monte Maggiore. Sehr häufig auf trockenen Bergabhängen nahe an der Quelle der Rečina. VIII. IX. — *C. acanthifolia* All. Auf Thonschiefer am nördlichen Fusse des Monte Maggiore (Tommasini). — *C. corymbosa* L. Auf Bergen, Hügeln und an Wegen sehr gemein. *γ. graeca* Boiss. Fl. or. III. (1875) 449. Bei Fiume (Boiss. l. c.). — *C. vulgaris* L. An grasigen Stellen und auf schattigen Felsen. VII.—IX.

Serratula tinctoria L. In Wäldern und auf bewaldeten Wiesen häufig. VIII. IX.

Kentrophyllum lanatum DC. Auf steinigen Hügeln, an Wegen und trockenen Stellen häufig. VI. VII.

Centaurea alba L. Auf Felsen und Hügeln häufig. VI.—IX. — *C. amara* L. Auf trockenen Wiesen, an Wegen und Waldrändern gemein. VI.—X. — *C. Jacea* L. Auf feuchten üppigen Wiesen. VII. VIII. — *C. diversifolia* Borbás *(C. alba* × *Jacea)*. Oberhalb Fiume an felsigen Orten (Borbás, Oesterr. Botan. Zeit. XVI. 348, Természet IX. . . .). — *C. axillaris* W. An felsigen schattigen Stellen nicht selten. V.—VII. — *C. Cyanus* L. Unter dem Getreide. VI. VII. — *C. Scabiosa* L. Auf Grasplätzen an der Luisenstrasse jenseits Orehovica nicht häufig. VI.—VIII. — *C. rupestris* L. Auf Felsen, steinigen Hügeln und trockenen Wiesen gemein. VI.—VIII. — *C. sordida* Willd. An rauhen buschigen Stellen bei Zakalj sehr selten. VI.—VIII. — *C. cristata* Bartl. und deren Varietäten. Auf Felsen und sterilem Boden besonders am Seestrande. VII.—X. — *C. solstitialis* L. An Wegen und wüsten Stellen selten. Bei Drenova und Tersatto unweit vom Abhange des alten Schlosses. VII. VIII. — *C. Calcitrapa* L. An Wegen und auf trockenen staubigen Grasplätzen gemein. VII.—X.

Scolymus hispanicus L. An Wegen, Rainen und wüsten Stellen fast überall. VII.—X.

Lapsana communis L. An buschigen Stellen. VI. VII.

Aposeris foetida Less. In Wäldern bei Zakalj und sonst im Rećinathale. IV. V.

Rhagadiolus stellatus Gaertn. An Wegen und Ackerrändern stellenweise häufig. An der Strasse nach Voloska und gegen Santa Caterina. V. VI.

Cichorium Intybus L. An Wegen und auf Wiesen. VII.—X.

Thrincia hirta Roth. An grasigen Stellen bei Ćavlje in der Nähe der Luisenstrasse. VIII.

Leontodon autumnalis L. Auf Wiesen und Hügeln. VIII. IV. — *L. hastilis* Koch. Auf Wiesen, Ufern und an Rainen VI. VII. — *L. crispus* Vill. (*L. saxatilis* Rchb.). Auf steinigen Grasplätzen zwischen Gebüsch stellenweise häufig. Gegen Preluka, bei Abbazia und auf dem Monte Tersatto. V.

Picris hieracioides L. An Wegen auf fast jedwedem Boden sehr gemein. VIII.—XI. — *P. laciniata* Schk. (*P. hispidissima* Koch). An felsigen sonnigen Stellen auf Veglia, bei Mal Tempo.

Urospermum picroides Desf. Auf trockenen Wiesen. VIII.

Tragopogon pratensis L. Auf Wiesen. V. VI. — *T. Tommasinii* Schultz Bip. Auf steinigen Wiesen zwischen Gebüschen an der Strasse nach Voloska, besonders häufig gegen Preluka zu. V. VI.

Scorzonera austriaca Willd. Auf sonnigen steinigen Hügeln selten. Auf dem Soglio di San Marco. IV. V.

Gelasia villosa Cass. Auf trockenen Wiesen und Abhängen sehr häufig. VI. VII.

Hypochoeris maculata L. Auf Wiesen gegen Preluka nicht häufig. VI. VII.

Taraxacum officinale G. H. Web. Gemein an Rainen, Wegen und auf Wiesen. III.—X. — *T. tenuifolium* Hoppe. Auf feuchten Wiesen gebirgiger Gegenden. Auf dem Monte Maggiore. III. IV. — *T. lividum* W. K. (als *Leontodon*). Auf feuchten Wiesen des Monte Maggiore. IV. V. — *T. taraxacoides* Hoppe. Auf sonnigen steinigen Wiesen gegen Drenova. IV. V.

Chondrilla juncea L. An Wegen und auf Aeckern. VII.—X.

Prenanthes purpurea L. In Wäldern und an Waldrändern bei Lopaća. VII. VIII.

Lactuca saligna L. An Gräben, Wegen in Weingärten u. s. w. VII. VIII. — *L. viminea* Presl. Auf Hügeln und an wüsten Stellen häufig. VI. VII. — *L. Scariola* L. Bei Fiume (Noè Alm. 69). — *L. muralis* Gaertn. Auf schattigen Felsen hie und da. VII. VIII. — *L. perennis* L. Auf Felsen sehr selten. Auf einem grossen freistehenden Steinblocke jenseits der Brücke bei Zakalj und auf Felsen an der Luisenstrasse jenseits Ćavlje. V.

Sonchus oleraceus L. Auf Aeckern und in Gärten ein Unkraut. IV.—X. — *S. asper* Vill. Auf kräuterreichen Abhängen gegen Preluka VI. VII.

Picridium vulgare Desf. Auf rauhen Felsen am Meere. Auf dem Scoglio di San Marco, bei Buccari und Bukarica. V.—IX.

Zacyntha verrucosa Gaertn. An Aeckerrändern längs der Strasse nach Voloska gegen Preluka zu selten. V. VI.

Pterotheca nemausensis Cass. Auf Aeckern. IV. V.

Crepis foetida L. An trockenen wüsten Stellen und Wegrändern bei Kantrida. VI. — *C. vesicaria* L. Auf Wiesen, zwischen Gesträuchern stellenweise häufig. An der Strasse nach Voloska. V. VI. — *C. setosa* Hall. fil. Auf halb feuchten Wiesen sehr zerstreut. Bei Zakalj, auf einer Wiese rechts an der Luisenstrasse vom Grobniker Felde nach Kamenjak hinaufsteigend. V. VI. — *C. chondrilloides* Jacq. Auf hohen Wiesen hie und da. Auf der oben genannten Wiese rechts an der Luisenstrasse und sonst in derselben Gegend. Auf Wiesen des Monte Maggiore in mittlerer Höhe (Tommasini). — *C. pulchra* L. In Hecken und Gebüschen bei Vos. VI. VII. — *C. neglecta* L. (*C. cernua* Ten.). An Wegen und Rainen, auf Wiesen und Aeckern gemein. V.—X.

Hieracium Pilosella L. Auf trockenen Wiesen, Grasplätzen, Hügeln und an Wegen gemein. IV. V. — **H. Hoppeanum* Schult. Auf Wiesen bei Fiume (Noè Exs. als *H. Peleterianum*). VI. — *H. praealtum* Koch. Auf Wiesen häufig. V.—VII. α. *florentinum* Koch. Ebendaselbst. γ. *fallax* Koch. An felsigen Stellen bei Mal Tempo, auf der Insel Veglia. IX. — **H. florentinum* All. var. *cuneense* Naeg. in litt. Auf Wiesen bei Fiume (Noè Exs. als *H. obscurum*). — *H. sabinum* Seb. et Maur. Auf bewaldeten, ziemlich hoch liegenden Wiesen. Im Rečinathale hinter Zakalj oben. IV. V. Auf dem Monte Maggiore (Noè Exsicc.). — *H. murorum* L. In Laubwäldern um Fiume nicht so gemein als in vielen anderen Gegenden. Im Rečinathale an schattigen bewaldeten Abhängen hie und da. VII. — *H. fluminense* A. Kern. Oesterr. bot. Zeit. XXIV. (1874) 171. Diese mit *H. murorum* nahe verwandte Form kommt in den Ritzen und auf Platten der Kalkfelsen an der Luisenstrasse zwischen der „Porta hungarica“, wo die beiden Kamine der Papierfabrik stehen und der Stelle, wo sich die Fahrstrasse nach Zakalj bergab wendet, vor. V. VI. — *H. illyricum* Fries (Form des *H. glaucum*). Auf Felsen und steinigen Abhängen an der Brücke bei Zakalj und Grohovo selten. VII.—IX. — **H. glaucum* All. Bei Fiume. VIII. (Noè Exs. als *H. glaucum*). — *H. Tommasinii* Rchb. fil. In einem einzigen Exemplar auf Felsen im Rečinathale gegen Grohovo (vgl. A. Kern. Oesterr. bot. Zeit. XXIV. 171). — *H. amplexicaule* L. Auf Felsen des Monte Maggiore. — **H. petraeum* Hoppe. Auf schattigen Felsen des Monte Maggiore bei Vela Ucka (Borbás Oesterr. bot. Zeit. XXVIII. 135). — *H. umbellatum* L. Auf buschigen Hügeln und Wiesen im Rečinathale. VIII. IX. — *H. sabaudum* L. Wie das vorige. Auch an schattigen Plätzen um die Stadt, bei Preluka, Abbazia u. s. w. VIII.—X. — *H. brevifolium* Tausch. Auf grasigen bewaldeten Hügeln im Rečinathale. VIII. — *H. latifolium* Tausch. (s. h. Spr.). Wie das vorige. VIII. IX. — *H. barbatum* Tausch. Im Rečinathale mit den vorigen. VIII.—X.

Ambrosiaceae.

Xanthium spinosum L. An Wegen und wüsten Stellen sehr gemein. VII. VIII. — *X. strumarium* L. Auf wüstem und bebautem Boden, sowie an Wegen sehr zerstreut. VIII.—IX.

Campanulaceae.

Phyteuma orbiculare L. Auf Bergwiesen des Monte Maggiore und Mte. Berlosnik. V. VI. — *Ph. Michelii* All. α. *betonicaefolium* Koch. Auf schattigen Abhängen im Rečinathale bei Jelenje und Lopača. V. VI.

Campanula Tommasiniana Reut. Auf dem Monte Maggiore auf Felsen, besonders auf der Südseite (Tommasini). VIII. — *C. Scheuchzeri* All. Auf Wiesen des Monte Maggiore (Tommasini). — *C. bononiensis* L. An Hecken und Waldrändern stellenweise. Am Friedhofe und an der Strasse nach Voloska. VIII. IX. — *C. rapunculoides* L. An Waldrändern und auf Steinhaufen hie und da. VI. VII. — *C. Trachelium* L. In Wäldern, Gebüschen und an schattigen Stellen. VII.—IX. — *C. pyramidalis* L., *C. Staubii* Uechtritz in Staub's Fiume és legközelebbi környékenek floristikus viszonyai (1877) 270—281 eine Herbstform (Tommasini et Marchesetti l. c.). Auf Felsen und Mauern gemein. VII.—X. — *C. Rapunculus* L. Auf Wiesen und Hügeln sehr gemein. V.—VIII. — *C. persicifolia* L. In Wäldern, auf schattigen Wiesen und an Abhängen. IV.—VII. — *C. glomerata* L. Auf Wiesen und an buschigen Stellen hie und da. VI.—IX.

Edraianthus tenuifolius A. DC. An steinigen, sonst pflanzenarmen Orten stellenweise häufig. An mehreren Punkten nächst Santa Caterina, bei Drenova, an der Luisenstrasse zwischen Svilno und Čavlje, sowie bei Porto Rè. Auf der Grobniker Ebene (Tommasini) und auf dem Scoglio di San Marco. V. VI.

Specularia Speculum A. DC. Auf Wiesen und Aeckern, sowie an Wegen häufig. V. VI. — *S. hybrida* A. DC. An Wegen in Weingärten, Rainen und auf niedrigen Steinmauern. V. VI.

Ericaceae.

Vaccinium Myrtillus L. In Wäldern und an schattigen moosigen Stellen. Bei Lopača und im Dragathale. IV.

Calluna vulgaris Salisb. Auf waldigen Hügeln im Rečinathale. VII.—X.

Erica carnea L. An steinigen Wald- und Wegrändern bei Lopača. XII. III.

Pirolaceae.

Pirola rotundifolia L. Auf dem Monte Maggiore.

Ilicineae.

Ilex Aquifolium L. Auf felsigen Bergabhängen und in Gebüschen bei Grohovo und gegen Lopača zu. V. VI.

Oleaceae.

Phillyrea latifolia L. An buschigen Stellen auf dem Scoglio di San Marco. XII.—III.

Ligustrum vulgare L. In Wäldern, Hecken und Gebüschen. VI. VII.

Fraxinus excelsior L. In Wäldern, Auen, auf grasigen, schattigen Hügeln. III. IV. — *F. Ornus* L. In Gebüschen des steinigen Hügellandes. IV. V.

Apocynaceae.

Vinca minor L. In Wäldern, an schattigen Bächen hie und da. III. IV.

Asclepiadaceae.

Cynanchum Vincetoxicum R. Br. An steinigen buschigen Stellen häufig. IV. V.

Gentianaceae.

Chlora perfoliata L. Auf schattigen Wiesen hie und da. Gegen Proluka. VII.–IX. — **Ch. serotina* Koch. Auf feuchten Wiesen bei Fiume (Mert. et Koch. Deutschl. Fl. III. 32). VIII.–X.

Gentiana lutea L. Auf dem Monte Maggiore. — *G. cruciata* L. Auf grasigen Stellen selten. Im Kastvaner Walde und auf dem Monte Maggiore. VII.–IX. — *G. asclepiadea* L. In Wäldern bei Lopača. VIII. — *G. aestiva* R. et Sch. Auf Bergwiesen des Monte Maggiore. V. VI. — *G. utriculosa* L. Auf Bergwiesen bei Veprinac. V. VI.

Erythraea Centaurium Pers. Auf Wiesen, Hügeln. VI. VII. — *E. pulchella* Fries. Auf dem Scoglio di San Marco (mit weissen Blüthen) selten. V. VI.

Convolvulaceae.

Convolvulus sepium L. An Hecken in Gebüschen. VII.–IX. — *C. arvensis* L. Auf bebautem und wüstem Boden, sowie an Wegen fast überall sehr gemein. V.–VII. – *C. Cantabrica* L. Auf Felsen und steinigen Hügel häufig. V.–VIII.

Cuscuta Epithymum L. Parasitisch auf *Satureia* und anderen Labiaten. An der Strasse nach Voloska, bei Santa Caterina und Kastva. VI. VII.

Borraginaceae.

Heliotropium europaeum L. Auf Aeckern, an wüsten Orten und Wegrändern stellenweise. VIII. IX.

Echinospermum Lappula Lehm. An wüsten Orten. VI. VII.

Cynoglossum pictum Ait. An Wegen, rauhen steinigen Orten hie und da. Bei Kantrida, auf dem Monte Tersatto und Scoglio di San Marco. IV.–VI. — *C. Columnae* Ten. Wie das vorige, aber viel häufiger und verbreiteter. IV. V. *C. officinale* Noè Alm. 66 non L. ist dasselbe (A. Kerner Oesterr. bot. Zeit. XXIII. 7). Wurde früher oft mit *C. cheirifolium* L. verwechselt (vgl. A. Kern. l. c.).

Borrago officinalis L. An Wegen und wüsten Orten zerstreut. VI.–VIII.

Anchusa italica Retz. An Waldrändern und Rainen hie und da. VI. VII. — *A. leptophylla* R. et Sch. Auf einem buschigen Abhange bei Zakalj, wahrscheinlich eingeschleppt. V. VI.

Symphytum tuberosum L. Auf Waldwiesen im Draga- und Rečinathale, bei Kastva und Abbazia. IV. V.

Onosma echioides Jacq. An sonnigen steinigen Stellen bei Grobnik und Mal Tempo. V. VI.[1]) — *O. stellatum* W. K. Auf sonnigen sterilen Hügeln und auf Felsen nicht selten. Bei Santa Caterina, Tersatto und auf dem Grobniker Felde. V.—VII.

Cerinthe minor L. An Wegrändern stellenweise. V. VI. — *C. Smithiae* A. Kern. Oesterr. bot. Zeit. XXIII. (1873) 6—7. Bloss auf dem Scoglio di San Marco vis-à-vis von Porto Rè. IV. V. (vgl. auch Tommasini Sulla veg. dell' is. di Veglia 50, 79).

Echium vulgare L. An wüsten steinigen Orten und Wegen. V.—VII. — *E. pustulatum* Sibth. et Sm. Auf trockenem Boden bei Peschiera und Vos. VI. VII. — *E. italicum* L. Bei Vos und Peschiera, meistens auf der dortigen Wiese. VI. VII.

Pulmonaria officinalis L. An feuchten und schattigen Orten, sowie an Bächen. Im Rečinathale, bei Zakalj, Orehovica und Kastva. IV. V. — *P. angustifolia* L. Auf hohen Wiesen des Monte Maggiore.

Lithospermum arvense L. An Wegen und auf Aeckern. IV.—VI. — *L. officinale* L. An Wegen u. s. w. gebirgiger Gegenden. V. VI. — *L. purpureocaeruleum* L. In Gebüschen und Wäldchen. IV. V.

Myosotis palustris With. In Sümpfen und an Bächen selten. V. VI. — *M. alpestris* Schm. (*M. odorata* Poir.). In Bergwäldern auf dem Monte Maggiore. V. VI. — *M. intermedia* Lk. Auf Aeckern. IV. V. — *M. stricta* Lk. Auf Wiesen und grasigen Hügeln. IV. - VI.

Solanaceae.

Solanum nigrum L. Auf Schutt, an Wegen, wüsten und bebauten Orten gemein. VI.—XI. — *S. miniatum* Bernh. Wie das vorige. VI.—XI. — *S. humile* Bernh. An ähnlichen Orten. VII.—XI. — *S. Dulcamara* L. In Hecken und Gebüschen. VII.—XI.

Phisalis Alkekengi L. An Wegen, Gräben und wüsten Orten. V, VI.

Hyoscyamus niger L. Auf Schutt hie und da. VI. VII. — *H. albus* L. Bei Fiume (Koch Syn. ed. 1 p. 509) am Tersatto (Schloss. Oesterr. bot. Zeit. II. 30, Schloss. et Vukot. Fl. cr. 639), bei Porto Rè (Schloss. et Vukot. l. c.).

Datura Stramonium L. An wüsten Orten sehr zerstreut. Bei Belvedere und Jelenje. VII. VIII.

Scrophulariaceae.

Verbascum sinuatum L. Bei Porto Rè (Borbás, Oesterr. bot. Zeit. XVIII. 280). — *V. Freynianum* Borbás (*V. Chaixii* × *Thapsus*). Zwischen Veprinac und Vela Ucka (Borbás, Oesterr. bot. Zeit. XXVI. 88—100, 305). — *V. floccosum* W. K. Auf Hügeln und niedrigen Anhöhen. An der Strasse nach der Papierfabrik häufig. VI. VII. — *V. Lychnitis* L. An trockenen Orten und unter Felsen. VII. — *V. austriacum* Schott. (*V. orientale* Koch non

---

[1]) Die hier gemeinte Pflanze dürfte entweder zu *O. stellulatum* oder *O. arenarium* W. K. gehören (vgl. Borbás Adatok 42—53, Kerner ebenda).

M. B.). Auf Wiesen zwischen Wäldern bei Preluka. VI. — *V. lanatum* Schrad. (*V. thyrsoideum* Host). In der bewaldeten Region des Monte Maggiore. — *V. phoeniceum* L. Auf buschigen schattigen Abhängen bei Zakalj. IV. V. — *V. Blattaria* L. An Wegen, Ackerrändern u. s. w. V.—VII. [1])

Scrophularia peregrina L. Auf feuchten Stellen im Rečinathale bei Jelenje selten. VI. — *S. laciniata* W. K. Auf Felsen und Mauern an der Luisenstrasse zwischen der „Porta hungarica" und Orehovica V. VI. — *S. canina* L. Auf Felsen und Hügeln sehr gemein. IV.—VI.

Gratiola officinalis L. In feuchten Gräben, Sümpfen und auf nassen Wiesen. Im Draga- und Rečinathale. V.—VII.

Digitalis ambigua Murr. In Wäldern und auf buschigen Hügeln nicht häufig. Bei Abbazia und im Rečinathale bei Jelenje. VI. VII. — *D. laevigata* W. K. An felsigen halbbuschigen Orten hie und da viel häufiger als die vorige. An der Strasse nach Voloska, an der Triester Strasse, bei Voloska und Abbazia. VI. VII.

Antirrhinum majus L. Auf Gartenmauern. V.—IX. — *A. Orontium* L. Auf Aeckern und in Weingärten. VI.—IX.

Linaria Cymbalaria Mill. Auf Mauern stellenweise häufig. III.—IX. — *L. Elatine* Mill. In Weingärten und auf Aeckern. VII. IX. —*L. spuria* Mill. Zuweilen mit der vorigen, doch seltener. VII.—IX. — *L. minor* Desf. Auf wüstem trockenem Boden, Schutt u. s. w. VII. VIII. — *L. littoralis* W. An ähnlichen Orten vorzüglich in der Nähe der Küste. Bei Martinšćica und Kantrida. VIII. IX. — *L. vulgaris* Mill. An Rainen, Wegen und auf mageren Wiesen gemein. VII.—IX.

Veronica Anagallis L. In nassen Gräben und Sümpfen. V. VI. — *V. Beccabunga* L. An Bächen und feuchten Orten. V.—VIII. — *V. latifolia* L. (*V. urticaefolia* Jacq.). In Wäldern bei Lopača selten. VI. — *V. Chamaedrys* L. In Wäldern und Gebüschen. III.—V. — *V. officinalis* L. In Wäldern hie und da. Auf dem Monte Maggiore (Tommasini). V. VI. — *V. multifida* L. (*V. austriaca* Auct. non L.). Auf sonnigen Wiesen selten. Bei Zakalj, hinter der Torpedo-Fabrik und bei Veprinac. V. VI. — ˙ *V. spicata* L. An Waldrändern, auf trockenen Grasplätzen, Hügeln und Wiesen nicht selten. VII.—IX. — *V. serpyllifolia* L. Auf schattigen Wiesen, an feuchten Orten und Wegen. IV.—VIII. — *V. arvensis* L. Auf Aeckern und an Weingartenrändern. IV. V. — *V. agrestis* L. Auf Aeckern, Mauern, an Weingartenrändern und Wegen. XII.—V. — *V. Tournefortii* Gmel. (*V. Buxbaumii* Ten.). In Weingärten. III. IV. — *V. hederifolia* L. Mit der vorigen. III. IV. — *V. Cymbalaria* Bod. Auf Mauern und Felsen häufig. XII.—IV. *β. glabriuscula* Freyn Oesterr. bot. Zeit. 1876 p. 371. Bei Fiume (Rossi. t. Freyn l. c.).

Melampyrum cristatum L. In Wäldern und Gebüschen. V. VI. — *M. barbatum* W. K. Auf grasigen bewaldeten Hügeln häufig. V. VI. —

---

[1]) Ist eher *V. repandum* W., das auf Veglia vorkommt (Borbás Adatok 60).

M. nemorosum L. In Wäldern bei Lopača und Jelenje stellenweise. VII.—IX. — *M. pratense* L. In Wäldern und Gebüschen. VII. VIII.

Pedicularis acaulis Scop. In Wäldern hie und da. Auf dem Monte Maggiore, im Kastvaner Walde stellenweise. Im Rečinathale selten, so auf Grasplätzchen unweit von *Hacquetia Epipactis* und in einer Vertiefung (Dolina) nächst dem Posthause von Bermani, wo jetzt die Eisenbahn-Station besteht (Tommasini). IV. V. — *P. Hacquetii* Graf. Auf Bergwiesen des Monte Maggiore und Mte. Berlosnik. V. VI.

Rhinanthus major Ehrh. Auf Wiesen in ziemlich hohen Regionen. Auf dem Monte Maggiore und bei Čavlje. — *Rh. minor* Ehrh. An ähnlichen Orten. Auf dem Monte Maggiore. VI.

Euphrasia officinalis L. et var. Auf Wiesen, Hügeln und in Wäldern. VII. VIII. — *E. serotina* Lam. Selten an feuchten Orten bei Ičići. VIII. — *E. lutea* L. Auf buschigen Hügeln. An der Triester Strasse, im Rečinathale und an der Strasse nach Voloska gegen Preluka. VIII. IX.

Orobanchaceae.

Orobanche cruenta Bert. Auf Leguminosen wie *O. criniota*. An schattigen Orten häufig. IV. V. — **O. condensata* Moris. Bei Fiume auf *Genista* und *Spartium junceum* (Noè in Rchb. Ic. XIX. 93 et Exs.). — *O. crinita* Viv. Auf Leguminosen bei Mal Tempo. V. — *O. speciosa* DC. (*O. pruinosa* Lap.). Auf Rosaceen u. s. w. selten. Im Rečinathale. Auf einem Rosenstock im Garten bei Dolaczy mitten in der Stadt (J. R. Lorenz). V. — *O. rubens* Wallr. Auf Leguminosen hie und da. Häufig auf Klee im Dragathale. V. — *O. minor* Sutt. Auf *Helychrysum angustifolium*. V. VI. **β. flavescens* Reut. in DC. Prodr. XI (1847) 29, *O. pumila* Graf (sic.!) t. Reut. l. c. Koch et Noè t. Rchb. f. Ic. XXIX (1860) 94 et Exs. Bei Fiume auf *Gnaphalium angustifolium* (Graf, Noè l. c.) — **O. Mutelii* F. Schultz, *O. nana* Koch et Noè in Rchb. Fl. germ. exsicc. n. 1352 et Exs. *Phelipaea ramosa β. simplex* Vis. Fl. dalm. II. 180, *Ph. Mutelii β. nana* Reut. l. c. 8—9. Bei Fiume auf *Trifolium scabrum* (Noè l. c. et exsicc.).

Lathraea Squamaria L. An schattigen Orten hie und da. Im Rečinathale gegen Grohovo. IV. V.

Labiatae.

Mentha sylvestris L. In Gräben und an Wegen stellenweise. An der Luisenstrasse hie und da. VII. VIII. — *M. aquatica* L. In Sümpfen und an Bächen. VII. VIII. - *M. arvensis* L. Auf Feldern und sterilen Aeckern. VIII.

Pulegium vulgare Mill. An feuchten Orten und in Hecken selten. Bei Vos auf der feuchten Wiese und Jelenje im Rečinathale. VI.

Lycopus europaeus L. In Gräben und an nassen Orten. Bei Lopača und Jelenje. VII. VIII.

Rosmarinus officinalis L. Auf trockenem felsigem Boden in der Nähe von Gärten und Häusern eingebürgert. IV.—VI. und wieder im Herbst.

Salvia officinalis L. Von den trockenen Bergen und Hügeln bis hinunter zu den sonnigen Gebüschen sehr gemein. IV. V. — *S. glutinosa* L. In Wäldern

und an schattigen Weingartenrändern sehr zerstreut. VII. VIII. — *S. Sclarea* L.
Bei Mošćenica besonders zur Seite des von der Kirche zur Küste führenden
Weges (Host Syn. pl. 18). — *S. Bertolonii* Vis. (*S. scabrida* Bert.)
) In einem
Wäldchen bei Fiume an der Strasse nach Kastva (Reuss Verh. zool. bot. Ges.
XVIII. 142—3, Kerner Oesterr. bot. Zeit. XXVIII. 279). — *S. pratensis* L.
Auf Wiesen und Hügeln sehr häufig. IV.—VI. — *S. sylvestris* L. An schattigen
Orten bei Zakalj selten. V. VI. — *S. verticillata* L. Auf Aeckern, an Rainen
und Wegen. VII.—IX.

Origanum vulgare L. Auf trockenen Hügeln. VII. VIII.

Thymus Serpyllum L. Auf Wiesen, Hügeln und Grasplätzen zwischen
Gebüsch. IV.—VIII. — *Th. angustifolius* Pers. Auf trockenem und magerem
Boden. IV. V. — *Th. citriodorus* Link *(Th. montanus* Alior.). In Wäldern bei
Lopača. VII. VIII. Ist eher *Th. montanus* W. K. (Tomm. briefl. Mitth.)

Satureia montana L. *(S. variegata* Host). Auf Bergen, Hügeln an
steinigen Orten höchst gemein. VII.—X. — *S. pygmaea* Sieb. *(S. illyrica* Host).
An steinigen gebirgigen Stellen schwerlich unter 272·473—316·081 Meter. Häufig
auf dem Grobniker Felde bei Čavlje, wo die Seitenstrasse nach Jelenje und
Lopača führt. Bei Drenova. VIII.—IX.

Calamintha Acinos Clairv. An Wegen und auf sonnigen Hügeln.
VI.—VIII. — *C. alpina* Lam. Auf dem Monte Maggiore. — *C. grandi-*
flora Mnch. In Wäldern hie und da, aber selten. Bei Kastva, Lopača und
Jelenje im Rečinathale. VI. VII. — *C. officinalis* Mnch. In Wäldern bei Abbazia,
Kastva, im Rečinathale. VII. VIII. — *C. Nepeta* Clairv. Auf sonnigen und
rauhen Hügeln, an sterilen Orten und Wegrändern gemein. VII.—X. — *C. thymi-*
folia Rchb. Auf Felsen bei Zakalj selten. Noè's Angabe (Flora 1833, I. 136)
„bei Fiume gemein" ist offenbar übertrieben. VIII. IX.

Clinopodium vulgare L. An buschigen Stellen und Waldrändern. VII.—IX.

Hyssopus officinalis L. Auf trockenen und sterilen Stellen selten. Bei Santa
Caterina auf der Kapelle, Skarljevo und Praputnik, sowie zwischen Gesträuchern
bei Dubno jenseits Porto Rè. Auf Felsen des Hügels von Hreljin (Tommasini).

Nepeta Cataria L. An Wegen, in Zäunen und auf Schütt. VII. VIII.
— *N. nuda* L. An schattigen und buschigen Orten bei Zakalj selten. V. VI.

Glechoma hederacea L. In Wäldern und auf schattigen Felsen. IV. V.

Mellitis Melissophyllum L. In Wäldern und auf Wiesen. IV. V.

Lamium Orvala L. Zwischen lockerem Gestein an Waldrändern stellen-
weise häufig. Bei Abbazia an der Strasse, Kastva und Zakalj im Rečinathale.
IV. V. — *L. purpureum* L. An Wegen und cultivirten Arten. IV. V. —
L. amplexicaule L. Auf Aeckern. IV. V. — *L. maculatum* L. In Gebüschen,
Wäldern, an Wegen, Rainen, auf Schutt, Steinhaufen, Wiesen, Hügeln und
Felsen überall. I.—XII. — *L. album* L. In Hecken und zwischen Gebüschen nicht
sehr häufig. III.—V.

Galeobdolon luteum Huds. In Wäldern und Auen. IV. V.

Galeopsis Ladanum L. An trockenen sonnigen Stellen, Wegen und auf
Steinhaufen. VII. VIII. — *G. Tetrahit* L. In Weingärten und Gebüschen.

VII. VIII. — *G. pubescens* Bess. In Wäldern und an Waldrändern bei Lopača. VIII. IX.

Stachys germanica L. In trockenen Gebüschen hie und da. Bei Zakalj und an der Strasse nach dem Monte Maggiore gegen Veprinac zu. VI.—IX. — *St. sylvatica* L. In Wäldern bei Lopača zerstreut. VI. — *St. palustris* L. Auf halbfeuchten Grasplätzen. Im Friedhofe und Dragathale. VI. VII. — *St. annua* L. An Wegen, wüsten Orten und auf Aeckern. VII.—X. — *St. recta* L. Auf sonnigen grasigen Hügeln, z. B. bei Kantrida und sonst an der Strasse nach Voloska. V. VI. — *St. subcrenata* Vis. α. *genuina* Rchb. f. An ähnlichen Orten aber später blühend und vielleicht etwas häufiger. An Luisenstrasse jenseits Orehovica. VII. VIII. *β. fragilis* Vis. Bei Fiume auf Felsen im Rečina-thale und gegen Čavlje (Borbás Adatok 38).

Betonica officinalis L. Auf Wiesen und Hügeln häufig. VII.—IX. — *B. serotina* Host. Auf trockenem sonnigen Boden an der Meeresküste bei Kantrida. VII. VIII.

Sideritis romana L. Auf der Insel Veglia bei Peschiera. V.

Marrubium vulgare L. An wüsten Orten. VI. VII. — *M. candidissimum* L. An Wegen, auf Felsen und trockenem Boden. VI.—VIII.

Ballota nigra L. Auf Schutt und an Wegen neben Wohnungen. VII.—IX.

Brunella vulgaris Mnch. Auf Wiesen und an Wegen. VII. VIII. — *B. laciniata* Mnch. Auf bewaldeten Wiesen hie und da. Im Dragathale und gegen Preluka zu. V. VI. —*B. grandiflora* Mnch. Auf Bergwiesen am Monte Maggiore und bei Veprinac. VI.—VIII.

Ajuga reptans L. Auf Wiesen und in Wäldern. III. IV. — *A. genevensis* L. Auf sonnigen Hügeln und trockenen Wiesen häufig. IV. V. — *A. Chamaepitys* Schreb. Auf Aeckern und in Weingärten. III.—VI.

Teucrium Botrys L. Auf Aeckern und an Wegräudern sehr zerstreut. Auf wüstem Boden rechts an der Strasse nach Voloska gegen Preluka. VI. VII. — *T. Chamaedrys* L. An Rainen, steinigen Orten u. s. w. hie und da. V. VI. — *T. flavum* L. Auf Felsen an der Strasse nach Zakalj. VI.—VIII. — *T. Polium* L. Auf Felsen, steinigen Hügeln und Abhängen. An der Strasse gegen Preluka zu spärlich, zwischen Preluka und Voloska häufig, sowie auf trockenem sterilen Boden zwischen Kastva und Pobri. VII. VIII. — *T. montanum* L. Auf Felsen häufig. V.—VII.

Verbenaceae.

Vitex Agnus castus L. Auf Felsen und im Gerölle am Meere. VII. VII. *Verbena officinalis* L. An wüsten Orten, Wegen. V.—VIII.

Acanthaceae.

Acanthus longifolius Host. Auf bewaldeten Wiesen an der Strasse gegen Preluka zu. VI. VII.

Primulaceae.

Lysimachia vulgaris L. An Bächen und nassen Orten im Dragathale.
VII. VIII. — *L. punctata* L. An Gräben hie und da. Im Dragathale und bei
Zakalj. VI. VII. — *L. Nummularia* L. Auf feuchten Wiesen. VI. VII.
Anagallis arvensis L. Auf Aeckern, an Wegen. III.—IX. — *A. coerulea*
Schreb. Auf Aeckern und in Weingärten. IV.—IX.
Primula acaulis Jacq. *(P. sylvestris* Scop.). Auf schattigen Waldwiesen.
XII.—IV. — *P. officinalis* Scop. Auf Bergwiesen, aber nicht häufig. Auf dem
Monte Maggiore. V. — *P. Columnae* Ten. *(P. Tommasinii* Gr. et Godr.). Auf
Bergwiesen des Monte Maggiore sehr häufig. V.
Cyclamen europaeum L. An schattigen felsigen Stellen und auf buschigen
Anhöhen sehr häufig. VII.—IX. — *C. repandum* Sibth. et Sm. An schattigen
felsigen Orten selten. An der Voloskaer Strasse neben einer Vertiefung bei der
„Seconda Rotonda". Auf schattigen Felsen an einer ähnlichen Vertiefung weiter
gegen Preluka zu. IV. — *C. hederifolium* Ait. Bei Fiume (L. Rossi). Näherer
Standort unbekannt.
Samolus Valerandi L. An feuchten Orten. VIII.

Globulariaceae.

Globularia vulgaris L. Auf grasigen Hügeln. III. IV. — *G. cordifolia* L.
Auf sonnigen steinigen Hügeln hie und da. Bei Santa Caterina, Drenova u. s. w.
V.—VIII.

Plumbaginaceae.

Statice Limonium L. Auf Felsen am Meeresstrande. Bei Mal Tempo
und Peschiera auf der Insel Veglia. VIII. IX. — *St. cancellata* Bernh. An
ähnlichen Orten häufig, besonders bei Porto Rè, Mal Tempo und auf dem
Scoglio di San Marco. Auch zwischen Kantrida und Voloska stellenweise.
V.—VIII.
Plumbago europaea L. Auf steinigen Abhängen und Hügeln stellenweise. Auf dem Monte Tersatto, dicht am Eingange in die Papierfabrik, an
der Strasse nach Drenova, bei Vos und Peschiera. VII. VIII.

Plantaginaceae.

Plantago major L. An Wegen und Rainen. VII.—X. — *P. media* L.
Auf Wiesen und Hügeln. V.—IX. — *P. lanceolata* L. An Wegen, auf Wiesen
und Aeckern. VII.—IX. — *P. argentea* Chaix. *(P. Victorialis* Poir.). Auf
hügeligen Wiesen nicht selten. V. VI. — *P. serpentina* Lam. Auf steinigen
sterilen Hügeln, Felsen am Meere u. s. w. häufig. V.—VII. — *P. Lagopus* L.
Am Meeresstrande und in der Nähe des Meeres auf trockenem Boden bei Fiume
(Tommasini). V. VI. — *P. pilosa* Pourr. *(P. Bellardi* All.). Auf trockenen
mit dünnem Grase bewachsenen Wiesen der Küstengegenden (Tommasini).
Bei Čavlje an der Luisenstrasse (Schloss. et Vukot. Fl. cr. 714). Letzterer

Standort schou sehr entfernt von der Küste. — *P. Coronopus L. Bei Fiume an grasigen und sumpfigen Orten (Host Syn. pl. 77—78).

Amarantaceae.

Amarantus Blitum L. (A. sylvestris Desf.). Auf wüstem und bebautem Boden. VII.—IX. — A. deflexus L. (A. prostratus Balb.). An Wegen und wüsten Orten in der Nähe der Stadt. VIII. IX. — A. retroflexus L. Wie A. Blitum L. Sehr häufig. VII. IX.

Polycnemum arvense L. Auf sandigen Plätzen an Wegen hie und da. Gegen Santa Caterina zu. VII. VIII.

Chenopodiaceae.

Schoberia maritima C. A. Mey. Am Seestrande bei Porto Rè. VII. VIII.

Salicornia herbacea L. Am Seestrande. VII. VIII. — S. fruticosa L. Wie die vorige. VII. VIII.

Salsola Kali L. und β. Tragus Moq. Am Seestrande hie und da. Bei Kantrida. VIII. — S. Soda L. Häufig an ähnlichen Orten. VII. VIII.

Chenopodium murale L. Auf cultivirtem und wüstem Boden. VIII. IX. — Ch. viride L. Wie das vorige. VIII. IX. — Ch. album L. An wüsten Orten, Wegen nächst Mauern und auf Felsen. VII. VIII. — Ch. Vulvaria L. (Ch. olidum Curt.). An ähnlichen Orten. VII. VIII. — Ch. polyspermum L. An wüsten Stellen und auf bebautem Lande. VII. VIII.

Blitum rubrum Rchb. Mit den vorigen. VII. VIII. und den Winter hindurch.

Beta vulgaris L. Auf bebautem Lande und an Wegen. VII. VIII. — B. maritima L. Am Seestrande zwischen Fiume und Buccari. VII. VIII.

Camphorosma monspeliaca L. Auf Felsen am Meere bei Mal Tempo. VI. VII.

Halimus portulacoides Wallr. (richtiger Dumort.) (Obione portulacoides Moq.). Auf Felsen am Seestrande nächst der Schiffswerfte bei Ponsal. Doch dieser Standort, durch den Bau der letzteren und die Abänderung der Fahrstrasse ist fast gänzlich zerstört. VII. VIII.

Atriplex patula L. (A. angustifolia Sm.). An wüsten Stellen gemein. — VII.—IX. — A. hortensis L. Auf Aeckern und in Gärten. VIII. IX. — A. hastata L. Am Seestrande stellenweise häufig. Bei Ponsal und Bergudi, sowie gegen die Torpedo-Fabrik zu. VII. VIII. (Dürfte eher A. h. ε. oppositifolia Moq. sein.)

Polygonaceae.

Rumex pulcher L. An Wegen, Ackerrändern, in Hecken u. s. w. V. VI. — R. conglomeratus Murr. Wie der vorige. VI. VII. — R. crispus L. Auf Aeckern und Wiesen. VI. VII. — R. scutatus L. An steinigen Stellen, besonders am Meere. Bei Martinšćica und Mal Tempo. V.—VII. — R. Acetosella L. Auf trockenen sonnigen Wiesen. V. VI. — R. Acetosa L. Auf Wiesen. V. VI.

Polygonum Hydropiper L. In Sümpfen bei Lopača und anderswo.
VII.—IX. — *P. Persicaria* L. Auf Schutt, wüsten Stellen und in Gräben.
V.—VIII. — *P. lapathifolium* L. An Gräben. VII. VIII. — *P. aviculare* L.
An Wegen und wüsten Orten. VII.—IX. — *P. Bellardi* All. Auf Aeckern.
VII. VIII. — *P. Convolvulus* L. Auf Aeckern und an Wegen. VII. VIII. —
P. dumetorum L. In Hecken und Gebüschen. VIII.

Daphnaceae.

Passerina annua Wickstr. Auf vernachlässigten Aeckern hie und da.
VII. VIII.

Daphne Laureola L. In Wäldern hie und da. Bei Kastva stellenweise
ziemlich häufig und im Rečinathale selten. IV. V. — *D. Mezereum* L. In Bergwäldern am Monte Berlosnik. IV. V. — *D. alpina* L. Auf Steinblöcken im
Rečinathale gegen Grohovo zu. V. und XI.

Lauraceae.

Laurus nobilis L. Auf steinigen Hügeln und Abhängen ursprünglich
eingeführt, jetzt eingebürgert. Besonders häufig bei Abbazia. IV. V.

Santalaceae.

Thesium divaricatum Jan. Auf trockenen grasigen Plätzen zwischen
Steinen und Gebüsch sehr häufig. V.—VII. — *Th. montanum* Ehrh. In Gebüschen auf Bergwiesen des Monte Maggiore und Mte. Berlosnik. V. VI.

Osyris alba L. An felsigen sonnigen Orten stellenweise häufig. In der
Nähe des Meeres hie und da zwischen Kantrida und Voloska, bei Grohovo und
Orehovica. V. VI.

Aristolochiaceae.

Aristolochia rotunda L. Auf feuchten Wiesen im Dragathale nächst dem
Eisenbahndamme, bei Martinščica und auf der Wiese bei Peschiera. IV. V. —
A. pallida W. Auf waldigen buschigen Wiesen, z. B. an der Strasse nach
Voloska. III. IV. — *A. Clematitis* L. Auf Aeckern und an Wegen gemein.
IV.—VI.

Asarum europaeum L. An schattigen steinigen Plätzen in Wäldern stellenweise. Bei Kastva und im Rečinathale gegen Grohovo zu. IV. V.

Euphorbiaceae.

Euphorbia Chamaesyce L. et β. *canescens* Boiss. Am Meeresstrande
zwischen Fiume und Buccari (Schloss. et Vukot. Fl. cr. 1009—1010). —
E. Peplis L. Am Seestrande bei Mal Tempo und Bergudi. VI. VII. — *E. helio-
scopia* L. Auf bebautem und wüstem Lande. XII.—IV. — *E. platyphyllos* L.
Auf sonnigen Stellen hie und da. Bei Vos. VI. VII. — *E. dulcis* Jacq. und
β. *purpurata* Neilr. In Wäldern des Rečinathales und am Monte Maggiore.
IV.—VI. — *E. angulata* Jacq. In höheren Waldgegenden. V. VI. — *E. verrucosa* Jacq. Häufig auf Wiesen, besonders im Dragathale und bei Zakalj. IV. V.

— *E. epithymoides* L. (*E. fragifera* Jan.). Auf Felsen, an steinigen und buschigen Orten häufig. IV. V. — *E. amygdaloides* L. In Wäldern und Gebüschen. III. IV. — *E. Wulfenii* Hoppe. Auf Felsen und an steinigen Orten zerstreut. Auf einem rauhen Abhange bei Zakalj, am Seestrande bei Medvea gegen Mošćenica und auf Felsen am Meere zwischen Abbazia und Ićići zerstreut. III. IV. — *E. Cyparissias* L. Auf Wiesen, an Wegen und wüsten Stellen sehr gemein. IV. V. — *E. Esula* L. Zwischen Gebüsch hie und da. Bei Zakalj. IV. V. — *E. Paralias* L. Am Seestrande stellenweise häufig. Bei Martinšćica, Bergudi und in der Nähe von Peschiera. VI.—VIII. — *E. Peplus* L. Auf bebautem Lande und an Wegen. VII.—IX. — *E. falcata* L. An Wegen und auf Aeckern. V. VI. *E. exigua* L. Auf trockenen Hügeln, Aeckern und sterilen Wiesen. V. VI. — *Mercurialis perennis* L. In Bergwäldern. IV. — *M. ovata* Sternb. et Hoppe. In höher gelegenen Laubwäldern auf Kalkboden. Am Monte Maggiore. V. VI. — *M. annua* L. An wüsten Stellen, Wegen, in Gärten als Unkraut. V. VI.

Urticaceae.

Urtica dioica L. An Hecken, Wegen, Zäunen und wüsten Stellen. VI.—IX. — *U. urens* L. An wüsten Stellen der Dörfer und Häuser. VI. VII. *Parietaria diffusa* M. K. Auf Felsen und Mauern gemein. VIII. IX.

Cannabaceae.

Humulus Lupulus L. Zwischen Gebüschen auf dem Monte Tersatto selten. VIII.

Ulmaceae.

Ulmus campestris L. In Hecken und an Wegen. III. IV.
Celtis australis L. Auf Bergen und Hügeln. Besonders auf dem Monte Tersatto. III. IV.

Juglandaceae.

Juglans regia L. Durch Cultur eingeführt. VI. VII.

Betulaceae.

Betula alba L. In Wäldern auf Schiefer und Sandstein. IV. Nicht auf Kalk.
Alnus glutinosa Gaertn. In Auen und an Ufern. Bei Lopača. III. IV.

Cupuliferae.

Castanea sativa Mill. Auf Hügeln und Abhängen, besonders bei Abbazia, Lovrana und Veprinac. V. VI.
Fagus sylvatica L. In höheren Wäldern grosse und dichte Bestände bildend. IV. V.
Quercus Ilex L. In der Küstenregion hie und da. IV. — *Q. Cerris* L. (*Q. austriaca* W.). In Bergwäldern zerstreut. Bei Kastva, Rukavac u. s. w. — *Q. pubescens* W. Auf Hügeln und in Wäldern sehr häufig. V.

Corylus Avellana L. In Wäldern und Gebüschen. XII. III.
Carpinus duinensis Scop. Auf Hügeln und Abhängen bis 252·865 Meter.
Bei Buccari, im Draga- und Rečinathale. IV. — *C. Betulus* L. In höheren
Waldgegenden von 316·081 Meter Höhe au. Auf dem Monte Maggiore, bei
Kastva u. s. w. IV.
Ostrya carpinifolia Scop. Auf Hügeln bis 379·297 Meter Höhe. Bei
Zakalj, Orehovica und Dubno. IV.

Salicaceae.

Salix purpurea L. Auf feuchten Wiesen bei Zakalj. III. IV. — *S. incana* Schrk. In Hecken au der Rečina bei Lopača und Zakalj. III. IV. —
S. amygdalina L. Auf feuchten Wiesen an der Rečina. IV. V. — *S. alba* L.
An feuchten Stellen. IV. — *S. cinerea* L. An ähnlichen Standorten wie die
vorigen. IV. V. — *S. Caprea* L. An Bächen und in Hecken. III. IV.
Populus pyramidalis Roz. Gepflanzt hie und da. IV. — *P. nigra* L.
Au feuchten Stellen. III. IV. — *P. tremula* L. An Wegen u. s. w. in höher
gelegenen Wäldern. III. IV.

II. Gymnospermae.

Coniferae.

Juniperus communis L. Zwischen Wäldern, auf sonnigen Bergen und
Hügeln hie und da. Bei Drenova, zwischen Grohovo und Lopača. III. IV. —
J. Oxycedrus L. Vielleicht der gemeinste Strauch in der Küstengegend des
Gebietes. IV. V.
*Pinus Laricio Poir. β. *nigricans* Parl. Auf der Grobniker Ebene (Noè
Exs. als *P. Pinaster).*

III. Monocotyledoneae.

Alismaceae.

Alisma Plantago L. In Bächen und nassen Gräben. V. VI.
Potamogeton natans L. In Sümpfen und Teichen. Bei Lopača u. s. w.
IV. V. — *P. crispus* L. Wie der vorige. IV. V.
Zannichellia palustris L. In Sümpfen und Teichen häufig. V. VI.
Ruppia maritima L. In Gräben und salzigen Sümpfen am Meere.
VII. VIII.
Posidonia oceanica Del. *(P. Caulini* Koen.). In seichten Meeresgründen
bei Fiume, Porto Rè u. s. w. am Meeresgestade ausgeworfen.
Zostera marina L. Wie die vorige. V. — *Z. nana* Roth. Wie die vorige. V.
Cymodocea aequorea Koen. Wie die vorige.

Lemnaceae.

Lemna minor L. In Sümpfen und Teichen. V. VI. — *L. gibba* L. Mit
der vorigen. V. VI.

Araceae.

Arum italicum Mill. An Hecken, Wegen und waldigen Orten gemein. IV. V.

Typhaceae.

Sparganium ramosum Huds. In seichten Sümpfen zwischen Lopača und Kukuljani im Rečinathale. VI. VII.

Orchidaceae.

Orchis militaris L. Auf schattigen Abhängen bei Zakalj im Rečinathale. V. — *O. fusca* Jacq. In Wäldern, auf schattigen Wiesen. Im Rečinathale bei und jenseits Zakalj. Auf Wiesen des Monte Tersatto. IV. — *O. tridentata* Scop. *(O. variegata* All.). Auf Wiesen, am Rande lichter Wäldchen gemein. — *O. ustulata* L. Auf Bergwiesen bei Veprinac und auf dem Monte Maggiore. — *O. coriophora* L. β. *fragans* Vis. Auf waldigen Wiesen zerstreut. Bei Veprinac und im Rečinathale. V. VI. — *O. globosa* L. Auf Bergwiesen des Monte Maggiore und Mte. Berlosnik. V. VI. — *O. Morio* L. Häufig auf Wiesen. IV. V. — *O. pallens* L. In Wäldern selten. Bei Kastva und im Rečinathale gegen Grohovo zu. IV. — *O. mascula* L. und γ. *speciosa* Koch. In Wäldern. IV. V. — *O. laxiflora* Lam. Auf feuchten und sumpfigen Wiesen. Im Dragathale, zwischen Peschiera und Vos. V. — *O. maculata* L. In schattigen halbfeuchten Laubwäldern. V. VI. — *O. latifolia* L. Auf Bergwiesen des Monte Berlosnik. V. VI.

Anacamptis pyramidalis Rich. Auf grasigen Hügeln hie und da. V.

Gymnadenia conopsea R. Br. Wie die vorige. V. — *G. odoratissima* Rich. Auf Bergwiesen des Monte Maggiore und Mte. Berlosnik. V. VI.

Coeloglossum viride Hartm. Wie die vorige. V. VI.

Platanthera bifolia Rchb. In schattigen Gebüschen und Wäldern. IV. V.

Ophrys aranifera Huds. Auf Wiesen, niedrigen grasigen Hügeln und buschigen Grasplätzen. IV. V. — *O. arachnites* Murr. An ähnlichen Orten. V. VI. — *O. apifera* Huds. Auf sonnigen Grasplätzen viel seltener als die beiden vorigen. Im Rečinathale, an der Voloska'er Strasse hie und da. V. VI.

Serapias pseudocordigera Moric. *(S. longipetala* Pollini). Auf waldigen bei Abbazia, Ičiči. V. VI.

Limodorum abortivum Sw. Auf waldigen Wiesen sehr zerstreut. Im Rečinathale, zwischen Kantrida und Voloska, sowie bei Abbazia. V.

Cephalanthera ensifolia Rich. In Wäldern des Rečinathales, bei Lopača und sonst. V. VI.

Epipactis rubiginosa Gaut. Auf dem Monte Maggiore.

Spiranthes autumnalis Rich. Auf Wiesen hie und da. Bei Preluka auf einem Grasplätzchen und bei Ičiči. VIII. IX.

Iridaceae.

Crocus vernus Wulf. *(C. banaticus* Staub. Fiume és legköz. körny. florist. visz. 240 nach eigener Berichtigung in Növényt. lap. II (1878) 3—5 non Heuff.). Stellenweise häufig in Wäldern bei Kastva. III.

Trichonema Bulbocodium Ker. An grasigen Orten und auf Hügeln häufig. XII.—III.

Gladiolus segetum Gawl. Auf Aeckern, bebautem Boden und in wüsten Weingärten stellenweise häufig. Im Rečinathale an der Triester Strasse und gegen Preluka. V. VI. — *G. illyricus* Koch. Auf feuchten Wiesen des Monte Maggiore.

Iris illyrica Tausch. Auf felsigen Hügeln, in Felsenspalten, am Meeresufer. Sehr häufig zwischen Mal Tempo und Peschiera. IV. V. [1]) — *I. graminea* L. Auf Hügeln, Bergwiesen selten und zerstreut. Auf dem Monte Berlosnik, auf Wiesen an der Strasse nach Voloska hie und da vereinzelt. V. VI. — *I. Pseudacorus* L. An feuchten Orten und Bächen, V. VI.

Narcissus biflorus Curt. Im Dragathale am Bächlein sehr selten. V. — *N. radiiflorus* Salisb. Auf Bergwiesen des Monte Berlosnik und Mte. Maggiore in grosser Menge. V.

Amaryllidaceae.

Galanthus nivalis L. Auf Felsen an Weingärtenrändern, feuchten Wiesen und in Auen sehr häufig. I.—III.

Smilacaceae.

Asparagus scaber Brign. An grasigen und steinigen Stellen unweit vom Meere. In der Nähe von Kantrida auf dem Scoglio di San Marco und bei Vos. IV. V. — *A. tenuifolius* Lam. An buschigen und in schattigen Wäldern nicht häufig. Bei Tersatto, Kastva, Abbazia und im Rečinathale. IV. V. — *A. acutifolius* L. In Gebüschen und sonnigen Wäldchen rauher und steiniger Gegenden gemein. VII. VIII.

Paris quadrifolia L. In Wäldern hie und da. V. VI.

Convallaria Polygonatum L. Auf buschigen Steinhaufen und Felsen. V. — *C. multiflora* L. Auf Bergwiesen. V. — *C. majalis* L. Auf Bergwiesen und in Wäldern. Auf dem Monte Berlosnik, bei Kastva u. s. w. V. VI.

Majanthemum bifolium DC. In Bergwäldern und auf Bergwiesen. Auf dem Monte Maggiore und Mte. Berlosnik. V. VI.

Ruscus aculeatus L. In steinigen Wäldern und auf buschigen Abhängen. XII.-IV.

Smilax aspera L. In Hecken an Wegen in Wäldern gemein. IX. X.

Dioscoreaceae.

Tammus communis L. An Hecken, Waldrändern, in Gebüschen nicht selten. III. IV.

Liliaceae.

Fritillaria montana Hoppe. An kräuterreichen sonnigen steinigen Stellen hie und da. Zwischen Mal Tempo und Peschiera ziemlich reichlich. Auf dem

---

[1]) Vergl. Kerner Oesterr. bot. Zeit. XXI (1871) 225, Tommasini Sulla veg. dell'is. Veglia 81.

Scoglio di San Marco spärlich. IV. — *F. messanensis* Rafin. Auf einem steinigen kahlen Bergabhange auf dem Monte Maggiore nahe an der Kuppe. V. VI. *Lilium bulbiferum* L. In Wäldern und Gebüschen hie und da. V. VI. — *L. carniolicum* Bernh. Auf Bergwiesen des Monte Maggiore und Mte. Berlosnik. V. VI. — *L. Martagon* L. Am buschigen Rande einer Wiese im Rečinathale zwischen Jelenje und Kukuljani. VI.

Erythronium Deus canis L. Auf waldigen schattigen Wiesen und Hügeln stellenweise häufig. Im Rečinathale, bei Zakalj und Kastva. III. IV.

Asphodelus ramosus L. Auf rauhen grasigen Hügeln und Wiesen. An der Strasse nach Voloska und auf Wiesen am Meere gegen Preluka zu. IV. V. — *A. albus* Mill. Auf Bergwiesen des Monte Maggiore und Mte. Berlosnik. V. VI. — *A. luteus* L. Auf Felsen am Meere bei Buccari an der Strasse nach Bukarica. IV. V. — *A. liburnicus* Scop. Auf Hügeln und hügeligen Wiesen. Auf dem Monte Tersatto an der Luisenstrasse und sehr häufig zu beiden Seiten der Strasse zwischen Kantrida und Preluka. An der Triester Strasse zwischen Rude und Kastva. VI. VII.

Anthericum Liliago L. An steinigen sonnigen Stellen zwischen Mal Tempo und Peschiera ungemein häufig. Auf dem Scoglio di San Marco. IV. V. — *A. ramosum* L. Auf buschigen Hügeln. VI.—X.

Ornithogalum stachyoides Ait. An buschigen Orten hie und da. Bei Zakalj. Auf verlassenen Aeckern und Weingärten an der Triester Strasse. V. — *O. pyrenaicum* L. *(O. sulphureum* R. et Sch.). In Wäldern, Gebüschen und auf Wiesen. V. — *O. comosum* L. Auf grasigen Hügeln hie und da. Bei Tersatto und im Rečinathale hinter Zakalj. V. VI. — *O. umbellatum* L. Auf Wiesen, Aeckern und in Weingärten. III. IV. — *O. exscapum* Ten. *(O. refractum* Koch non W. K.). In Weingärten auf bebautem Boden. III. IV.

Gagea arvensis Schult. In Weingärten auf Aeckern. XII. III.

Scilla bifolia L. In Gebüschen und Wäldern. III. IV. — *S. autumnalis* L. Auf trockenen grasigen Abhängen der Küstengegend. An der Triester Strasse häufig und gegen Drenova. IX. X.

Allium ursinum L. In Wäldern z. B. bei Kastva. IV. V. — *A. roseum* L. Auf buschigen steinigen Abhängen bei Peschiera. IV. V. — *A. fallax* Don. Auf Felsen nicht selten. Bei Orehovica an der Luisenstrasse und am Kalvarienberge gegen Drenova. VIII. — *A. moschatum* L. An trockenen sonnigen Orten selten. Auf Veglia zwischen Mal Tempo und Peschiera und auf dem Grobniker Felde jenseits Čavlje an dem Standorte der *Paronychia Kapela* VII. VIII. — *A. Porrum* L. Auf bebautem Lande, Aeckern und in Weingärten. VI. VII. — *A. sphaerocephalum* L. Auf Aeckern und an Wegen in Weingärten. VI. VII. — *A. Scorodoprasum* L. An grasigen Stellen bei Zakalj selten. V. VI. — *A. oleraceum* L. In Gebüschen steiniger Gegenden. VI. VII. — *A. carinatum* (L.) Sm. An steinigen Stellen, in Gebüschen und auf Steinhaufen. VI.—VIII. — *A. paniculatum* L. An steinigen Orten bei Peschiera. VI. — *A. pallens* L. An sonnigen steinigen Stellen. VI. VII.

Muscari comosum Tausch. Auf halb wüstem Boden und waldigen Abhängen bei Zakalj und gegen Drenova zu. IV. V. — *M. racemosum* Mill. Auf

Aeckern, grasigen Hügeln und in Weingärten. III. IV. — *M. botryoides* Mill.
An schattigen Stellen und auf halbfeuchten Wiesen. IV.

Melanthiaceae.

Veratrum album L. β. *virescens* Gaud. Auf feuchten waldigen Wiesen
stellenweise. Im Rečinathale bei Jelenje und im Kastvaner Walde. VI. VII. —
V. nigrum L. Zwischen Gebüsch höherer gebirgiger Gegenden, auf Wiesenrändern u. s. w. des Monte Maggiore und Mte. Berlosnik. VI. VII.
Colchicum autumnale L. Auf Wiesen und Grasplätzen. IX. X.

Juncaceae.

Juncus maritimus L. An feuchten grasigen Orten längs der Küste. Bei
Martinšćica. V.—VIII. — *J. acutus* L. An ähnlichen Standorten. Bei Vos. —
J. compressus Jacq. An feuchten Stellen. Auf der Wiese zwischen Vos und
Peschiera. VI. VII. — *J. effusus* L. Auf feuchtem Boden und in Gräben.
VI. VII. — *J. glaucus* Ehrh. Wie der vorige. VI. VII. — *J. obtusiflorus* Ehrh.
Ebenso. VI. VII. — *J. articulatus* L. *(J. lamprocarpus* Ehrh.). An sumpfigen
Orten im Rečinathale bei Jelenje, Lopača und Kukuljani. — *J. bufonius* L.
Wie der vorige. VII. VIII.

Luzula Forsteri DC. Auf waldigen Hügeln im Rečinathale. IV. —
L. campestris DC. Auf Wiesen und grasigen Hügeln. III. IV. — *L. albida* DC.
In Bergwäldern des Monte Maggiore und bei Lopača. VI.

Cyperaceae.

Cyperus flavescens L. An nassen Orten im Rečinathale bei Kukuljani
und gegen die Quelle zu. VII. VIII. — *C. fuscus* L. Wie der vorige. VIII. IX.
— *C. longus,* L. In Gräben und Sümpfen. VII. VIII.

Scirpus lacustris L. In Teichen und Wassergräben. V. VI. — *S. maritimus* L. In Gräben und an feuchten Orten am Meere. Bei Mal Tempo.

Holoschoenus australis Rchb. Auf Wiesen bei Crkvenica. VI. VII.

Heleocharis palustris R. Br. An feuchten Stellen und in Gräben. Im
Rečinathale bei Zakalj. V. VI. — *H. uniglumis* Lk. An nassen Orten der
sumpfigen Wiese zwischen Vos und Peschiera häufig. V. VI.

Carex vulpina L. In feuchten Gräben. Im Dragathale. V. VI. —
C. divulsa Good. An trockenen Stellen, Wegen und in Weingärten. IV. —
C. muricata L. In Gebüschen auf schattigen und grasigen Plätzen. Im Draga-
thale. V. VI. — *C. verna* Vill. *(C. praecox* Jacq.) Auf Hügeln und trockenen
Wiesen. III. IV. — *C. humilis* Leys. Auf sonnigen Hügeln. III. IV. —
C. Halleriana Asso *(C. gynobasis* Vill.) Auf buschigen trockenen Hügeln.
III. IV. — *C. digitata* L. Auf waldigen Wiesen hie und da. IV. V. —
C. flacca Schreb. *(C. glauca* Scop.) Auf trockenen sandigen Abhängen und
sonnigen Wiesen gemein. IV. V. *C. glauca* var. c. *cuspidata* Host *(C. acumi-*

nata W.) An Bachufern im Dragathale. V.[1] — *C. tomentosa* L. In schattigen Wäldern bei Kastva. V. — *C. distans* L. Auf sumpfigen Wiesen. Im Dragathale. Bei Vos und Peschiera. V. VI. — **C. extensa* Good. An sumpfigen Stellen des Seestrandes bei Fiume (Heuff. Linn. XXXI. 691—693), Martinščica und Porto Rè (Schloss. et Vukot. Fl. croat. 1195). *C. extensa* Noè auf sumpfigen Stellen al Popi, Ponsal rara ist nach Original-Exemplaren *C. distans* L. (Vergl. auch Flora 1838, p. 695). — *C. sylvatica* Huds. In Wäldern. III. IV.

Gramineae.

Andropogon Ischaemum L. Auf Wiesen und an Wegen. — *A. Gryllus* L. Auf Hügeln, Wiesen, an trockenen und steinigen Stellen sehr häufig. V. VI.

Sorghum halepense Pers. In Weingärten und auf Aeckern ziemlich gemein. VII.—X.

Tragus racemosus Desf. An Wegen, sandigen und wüsten Orten am Meere. VII.—IX.

Panicum sanguinale L. An Wegen und bebauten Stellen. VII. VIII. — *P. Crus galli* L. In ausgetrockneten Lachen, an feuchten und wüsten Orten hie und da. Bei Lopača. VII. VIII.

Setaria viridis P. B. Auf Aeckern und in Weingärten. VII.—IX. — *S. glauca* P. B. An ähnlichen Orten. VIII. IX.

Phalaris brachystachys Lk. *(Ph. quadrivalvis* Lag., *Ph. canariensis* Host). Auf bebautem Boden hie und da bei Kantrida. V. VI. — *Ph. paradoxa* L. Auf Aeckern nicht häufig.

Anthoxanthum odoratum L. Auf Wiesen gemein. IV. V.

Alopecurus pratensis L. Auf Wiesen. V. VII. — *A. agrestis* L. Auf bebautem Boden und Aeckern. V.

Phleum tenue Schrad. Auf dem sonnigen Steinfelde zwischen Mal Tempo und Peschiera. VI. — *Ph. pratense* L. Auf Wiesen. VI. — *Ph. Michelii* All. *(Phalaris alpina* Haenke). Auf dem Monte Maggiore.

Cynodon Dactylon Pers. An Wegen und sandigen Stellen. VII.—IX.

Agrostis vulgaris With. Auf Wiesen und Hügeln. VI. — *A. stolonifera* L. An grasigen Orten. V. VI. — *A. Spica venti* L. Auf Grasplätzen stellenweise VII.

Calamagrostis sylvatica DC. In Wäldern. Bei Lopača u. s. w. VII. VIII.

Gastridium lendigerum Gaud. Auf Wiesen, an Wegrändern hie und da. An der Strasse nach Voloska und auf waldigen Wiesen gegen Preluka zu. VI.

Stipa pennata L. Auf steinigen sonnigen Hügeln. Auf dem Kalvarienberge und bei Mal Tempo. V. VI.

*Piptatherum paradoxum P. B. In Wäldern des Rečinathales, bei Grohovo und Lopača (Host Syn. pl. 40). — **P. multiflorum* P. B. Bei Porto Rè (Schloss. et Vukot. Fl. croat. 1233—34).

---

[1] Dürfte *C. erythrostachys* Hoppe, eine von *C. flacca* wenig verschiedene Pflanze sein, die auch bei Fiume vorkommt (Noè in Rchb. Ic. VIII. 29 et Exs.). Parlatore (Fl. it. II. 182—183) zieht dieselbe fraglich zu der mir unbekannten *C. praetutiana* Parl.

Arundo Donax L. An Weingartengräben gebaut. X. XI.

Sesleria elongata Host. Auf Felsen, steinigen Wiesen und an Wegrändern sehr häufig. VIII. IX. — *S. tenuifolia* Schrad. Auf Felsen an der Luisenstrasse zwischen der „Porta hungarica" und Orehovica. Nächst der Papierfabrik. IV.

Koeleria cristata Pers. Auf trockenen Wiesen und Hügeln gemein. V. VI. — *K. phleoides* Pers. An Wegen und wüsten Stellen. V.—VII.

Holcus lanatus L. Auf sonnigen und trockenen Wiesen. V. VI. — *H. mollis* L. Auf bewaldeten Wiesen bei Lopača. VI.

Arrhenatherum elatius Presl. In Weingärten, Gebüschen und auf Wiesen. V. VI.

Avena hirsuta Roth. An Wegen und auf Grasplätzen gemein. IV. V. — *A. sterilis* L. An ähnlichen Orten. IV. V.

Danthonia provincialis DC. Auf trockenen bewaldeten Wiesen. Bei Ponsal. V. VI.

Aira caespitosa L. In Wäldern bei Lopača. VI. VII. — *A. flexuosa* Huds. In Wäldern und auf waldigen Wiesen. Bei Lopača und Jelenje. VI. — *A. capillaris* Host. Auf Grasplätzchen zwischen Wäldern und Gebüschen stellenweise häufig. Gegen Preluka zu, bei Abbazia und im Rečinathale bei Kukuljani. VI.

Melica ciliata L. Auf steinigen Wiesen und Hügeln häufig. VI. -- *M. uniflora* Retz. In Wäldern zerstreut. IV. V.

Briza maxima L. An grasigen waldigen Stellen zwischen Kantrida und Preluka, sowie bei Abbazia. VI. — *B. media* L. Auf Wiesen. VI.

Eragrostis megastachya Link. An Wegen und auf wüsten Grasplätzchen häufig. VI.—VIII. — *E. pilosa* P. B. Bei Fiume „ai Popi" (Noè Herb. 61), doch befinden sich auf dem so oft erwähnten Standorte nunmehr Gebäude der Torpedo-Fabrik.

Poa annua L. Auf wüstem und bebautem Boden sehr gemein. Blüht fast das ganze Jahr hindurch. — *P. bulbosa* L. Auf Wiesen, grasigen Plätzen und zwischen Felsen. V. VI. β. *vivipara* Koch. An ähnlichen Orten. V. VI. — *P. pratensis* L. Auf Wiesen und bebautem Lande. IV.—VI, — *P. trivialis* L. Auf Wiesen. IV. V. — *P. compressa* L. An Wegen und trockenen Stellen. VI. — *P. nemoralis* L. In Wäldern des Monte Maggiore. VII. VIII. — *P. alpina* L. α. *collina* Neilr. Auf dem Gipfel des Monte Maggiore. VII. VIII.

Sclerochloa rigida Lk. An trockenen grasigen Stellen. VII. — *Sc. dura* P. B. Auf trockenem Boden und an Wegrändern bei Fiume (Noè).

Molinia coerulea Mnch. An Ufern und in schattigen Wäldern. VII. VIII. — *M. serotina* M. K. Auf trockenen buschigen Abhängen. VII. VIII.

Dactylis glomerata L. und β. *hispanica* Koch. Auf Wiesen und in Wäldern. VI. VII.

Cynosurus cristatus L. Auf bewaldeten Wiesen. VI. — *C. echinatus* L. Auf Wiesen und an Waldrändern. An der Strasse nach Voloska, dem Standorte von *Acanthus longifolius*. VI.

Festuca pseudo-myurus Soy. —Willem. Auf Grasplätzen bei Abbazia. VI. — *F. ovina* L. Auf Weiden, Wiesen u. s. w. V. VI. — *F. duriuscula* L. Auf Wiesen und Hügeln. V. VI. — *F. glauca* Lam. An wüsten Stellen hie und da. Bei Zakalj. Vielleicht eingeschleppt. V. VI. — *F. heterophylla* Lam. An der Rečina bei Zakalj. VI. — *F. elatior* L. Auf Wiesen und Grasplätzen. V. VI. — *Brachypodium distachyon* R. et Sch. An wüsten und bebauten Stellen. V. VI. — *B. pinnatum* P. B. An buschigen Orten. Im Dragathale und bei Preluka. V. γ. *caespitosum* Koch. Bei Fiume ohne nähere Angabe (Tommasini). — *B. gracile* P. B. *(B. sylvaticum* R. et Sch.). In Wäldern. V. VI.

Bromus secalinus L. β. *velutinus* Koch. An Wegen und auf Aeckern. V, VI. — *B. arvensis* L. An Wegen und auf wüsten Boden. V.—VII. — *B. mollis* L. Auf Grasplätzen selten. Auf dem Scoglio di San Marco. V. VI. — *B. squarrosus* L. An wüsten grasigen Stellen hie und da. V. VI. — *B. erectus* Huds. In Gebüschen, Hecken und auf Hügeln gemein. VI. — *B. sterilis* L. An trockenen wüsten Stellen sehr gemein. IV. V. — *B. rigidus* Roth. Mit dem vorigen. IV. V. — *B. madritensis* L. Auf Grasplätzen in sonnigen Gegenden. IV. V. — *B. maximus* Desf. Mit dem vorigen. IV. V.

Triticum villosum M. B. An rauhen Orten zerstreut. An der Strasse bei Kantrida und weiter gegen Preluka zu. VI. — *T. repens* L. Auf Feldern u. s. w. gemein. V. VI. — *T. pungens* Pers. An sandigen Stellen. V.—VII. — *T. glaucum* Desf. An felsigen Orten mehr oder minder in der Nähe des Meeres. V.—VII. [1]) — *T. junceum* L. Wie das vorige. VI. VII.

Hordeum murinum L. An Wegen und überhaupt an grasigen Stellen sehr gemein. — *H. maritimum* With. Am Seestrande. V. VI. — *H. bulbosum* L. *(H. srictum* Desf.). An Wegen und in Weingärten. — *H. secalinum* Schreb. *(H. pratense* Huds.). Auf feuchten Wiesen. V. IV.

Lolium perenne L. Auf Wiesen sehr gemein. V. — *L. rigidum* Gaud. Auf trockenem Boden am Meere. VII. VIII. — *L. arvense* With. Auf Aeckern. V. VI. — *L. temulentum* L. Auf Aeckern an der Triester Strasse und gegen Kastva zu. VI. VII.

Aegilops ovata L. An kräuterreichen Stellen hie und da. Zwischen der chemischen Fabrik und Kantrida. V. VI. — *A. triaristata* W. An ähnlichen Stellen. Auf grasigen Plätzen hinter der Marine-Akademie im Garten. (Dr. W. Loebisch.) V. VI. — *A. triuncialis* L. Auf sonnigen Grasplätzen dürrer Gegenden. Gegen Santa Caterina zu (Rossi). VI. — *A. uniaristata* Rossi l. c. bei Fiume gehört offenbar hieher und nicht zur gleichnamigen Pflanze Visiani's.

Lepturus incurvatus Trin. Auf trockenem Boden am Meere. VII. VIII.

Psilurus nardoides Trin. An trockenen wüsten Stellen sehr selten. An der Triester Strasse. V. VI.

---

[1]) Ist eher *T. campestre* Gr. et Godr., das bei Martinščica vorkommt (Borbás Oesterr. bot. Zeit. XXVII. 139).

IV. Filicoideae.

Equisetaceae.

Equisetum arvense L. Auf sandigen Wiesen und Aeckern. III. — *E. Telmateia* Ehrh. An Ufern, Bächen und feuchten Stellen. III.

Polypodiaceae.

Blechnum Spicant Roth. An dem Kreuzwege zwischen Jelenje und Kukuljani im oberen Rečinathale. V. VI.

Adiantum Capillus Veneris L. In kleinen Felsengrotten auf der Insel Veglia im sogenannten „Valle di Peschiera", weit entfernt (bis jetzt) von jedweder menschlichen Ansiedelung. VII. VIII.

Pteris aquilina L. Auf waldigen Weiden, Bergtriften und Wiesen häufig. V.—VIII.

Athyrium Filix foemina Roth. An waldigen und steinigen Stellen höherer Gegenden. VI. VII.

Asplenium Trichomanes Huds. Auf Felsen und Mauern im Schatten. V.—VIII. — *A. viride* Huds. Auf schattigen Felsen des Monte Maggiore und Mte. Berlosnik. V.—VIII. — *A. Ruta muraria* L. Auf sonnigen trockenen Felsen und Mauern. V.—VIII. — *A. Adiantum nigrum* Pollini. Auf Felsen an Weingartenrändern um die Stadt sehr zerstreut. In Lorbeerwäldern bei Abbazia sehr häufig. V.—VIII.

Scolopendrium vulgare Sm. (*S. officinarum* Sw.). An steinigen trockenen Flussbetten in Wäldern bei Abbazia. V.—VIII.

Grammitis Ceterach Sw. Auf Mauern, Felsen und an steinigen Orten sehr häufig. VI. VII.

Polypodium vulgare L. In Wäldern, auf Steinplätzen und Baumstämmen. VI. VII. — *P. robertianum* Hoffm. Auf Kalkfelsen des Monte Maggiore und Mte. Berlosnik. V.—VII.

Aspidium Filix mas Sw. An waldigen steinigen Stellen hie und da. VII. VIII.

Cystopteris fragilis Bernh. An Quellen auf dem Monte Maggiore. V.—VIII.

Ophioglossaceae.

Botrychium Lunaria Sw. Auf Bergwiesen des Monte Berlosnik. V. VI.